*Andrea Möller, Andreas Flender*

*Sachsenhausen*

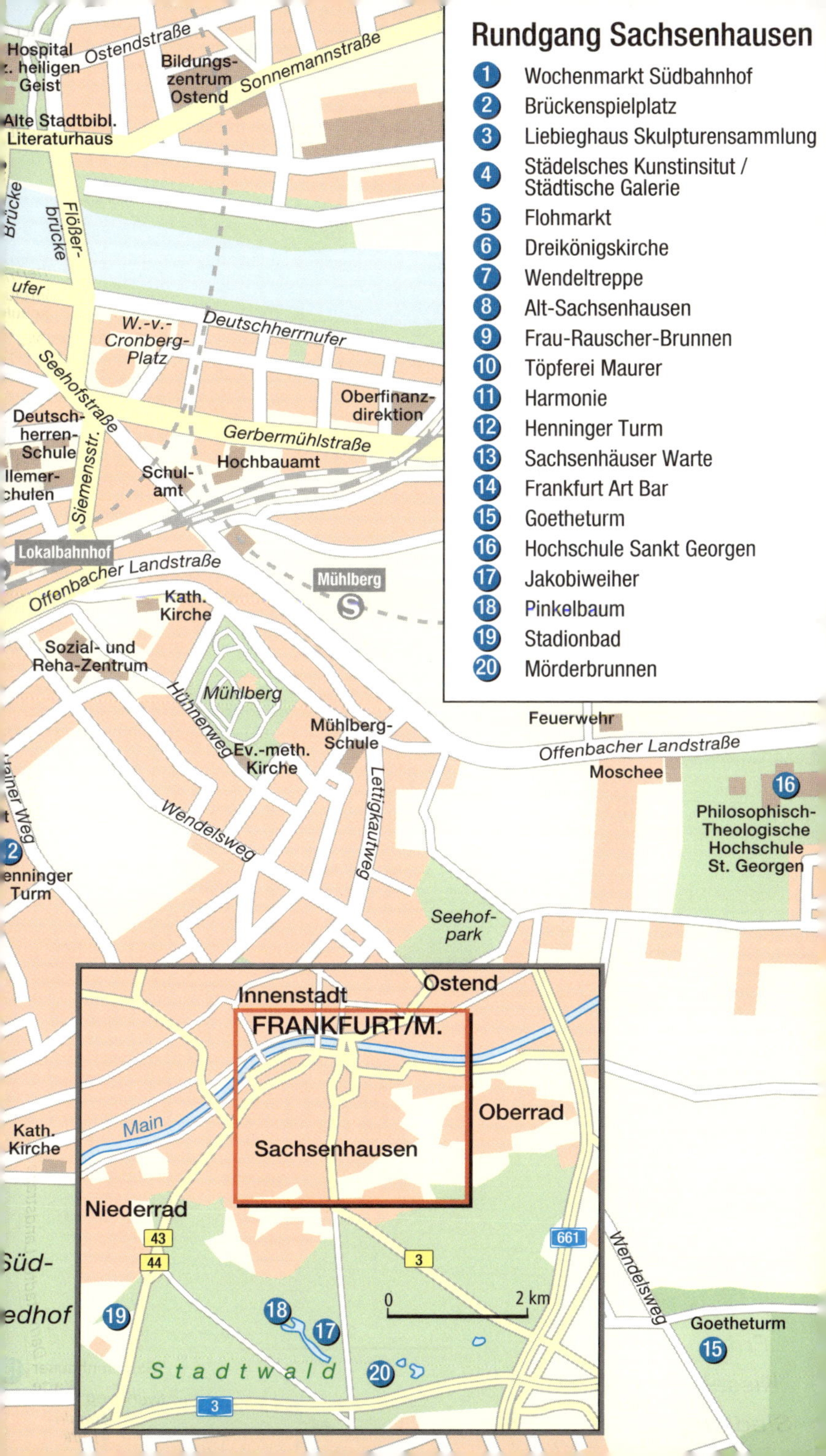
Rundgang Sachsenhausen
1 Wochenmarkt Südbahnhof
2 Brückenspielplatz
3 Liebieghaus Skulpturensammlung
4 Städelsches Kunstinsitut / Städtische Galerie
5 Flohmarkt
6 Dreikönigskirche
7 Wendeltreppe
8 Alt-Sachsenhausen
9 Frau-Rauscher-Brunnen
10 Töpferei Maurer
11 Harmonie
12 Henninger Turm
13 Sachsenhäuser Warte
14 Frankfurt Art Bar
15 Goetheturm
16 Hochschule Sankt Georgen
17 Jakobiweiher
18 Pinkelbaum
19 Stadionbad
20 Mörderbrunnen
Ostendstraße
Bildungs-zentrum Ostend
Sonnemannstraße
Alte Stadtbibl. Literaturhaus
Flößer-brücke
Deutschherrnufer
W.-v.-Cronberg-Platz
Seehofstraße
Oberfinanz-direktion
Gerbermühlstraße
Deutsch-herren-Schule
Siemensstr.
Schul-amt
Hochbauamt
Lokalbahnhof
Offenbacher Landstraße
Mühlberg
Kath. Kirche
Sozial- und Reha-Zentrum
Hühnerweg
Ev.-meth. Kirche
Mühlberg-Schule
Feuerwehr
Moschee
Philosophisch-Theologische Hochschule St. Georgen
Lettigkautweg
Wendelsweg
Seehof-park
Goetheturm
Innenstadt
Ostend
FRANKFURT/M.
Main
Oberrad
Sachsenhausen
Niederrad
Kath. Kirche
43
44
3
661
0
2 km
Stadtwald

Andrea Möller
Andreas Flender

# Sachsenhausen

## Die schönsten Streifzüge durch Frankfurt

SOCIETÄTS
VERLAG

Satz: Nicole Proba, Societäts-Verlag
Umschlaggestaltung: Nicole Proba, Societäts-Verlag
Umschlag-Skyline: fotolia
Umschlagabbildung: Cordula Tippkötter
Druck und Verarbeitung: CPI – Ebner & Spiegel, Ulm
Printed in Germany 2011

ISBN 978-3-7973-1250-1

# Inhalt

# Vorwort

## *Sachsenhäuser An- und Aussichten*

Viele Menschen sagen, Frankfurt sei eine Liebe auf den zweiten Blick. Solchen Spätzündern können wir nur raten, nach Sachsenhausen zu gehen. Denn hier erleben sie garantiert eine Liebe auf den ersten Blick. Der größte Stadtteil von Frankfurt hat schließlich alles, was das Herz begehrt. Schon die ersten Bewohner – mittelalterliche Edelleute wie hohe königliche Beamte – wussten die strategisch günstige Lage am Wasser zu schätzen und ließen sich gerne an diesem Ort nieder.

Jahrhunderte später ist das Sachsenhäuser Mainufer immer noch ein magischer Anziehungspunkt. Wenn auch aus ganz anderen Gründen. Zum einen gibt es eine große Auswahl an Museen, die eine enorme kulturelle Vielfalt bieten. Zum anderen hat sich die Promenade besonders im Frühling und Sommer zu einer echten Vergnügungsmeile entwickelt. Hier kann man flanieren, picknicken und schlemmen – in einem der zahlreichen Cafés und Lokale, die sich in den letzten Jahren zu Wasser und zu Land angesiedelt haben.

Natürlich gibt es nicht nur am Fluss, sondern über ganz Sachsenhausen verteilt etliche Restaurants und Gaststätten. Schließlich ist Dribbdebach für guten Ebbelwei und urige Gemütlichkeit bekannt. Längst haben sich hier aber auch junge Designer und Trendsetter niedergelassen, die einen spannenden Kontrast zu alten Traditionen schaffen. Kein Wunder, dass es Promis ebenfalls auf die südliche Mainseite zieht.

Eines ist auf jeden Fall sicher: Langweilig wird es in diesem Stadtteil nie, denn dazu gibt es zu viele Sehenswürdigkeiten, Parkanlagen, Sportmöglichkeiten und Veranstaltungen für jeden Geschmack. Von Straßenfesten über Theaterabende bis hin zu Lesungen und Konzerten. Da war es gar nicht so einfach, das Ganze in ein Buch zu packen. Schweren Herzens mussten wir eine Auswahl treffen, sonst wäre ein dicker Wälzer daraus geworden. Trotzdem haben wir es geschafft, noch ein paar kuriose Geschichten unterzubringen. Oder hätten Sie gewusst, dass im Stadtwald ein pinkelnder Baum steht?

Damit Sie richtig Lust bekommen, Sachsenhausen zu entdecken, haben wir jede Menge Bilder untergebracht – und zwar mit tatkräftiger Unterstützung der beiden Fotografen Rainer Rüffer und Martin Weis sowie des FNP-Archivars Hans Peter Dieterich. Auch Edda Reyl von der Aktionsgemeinschaft Schweizer Straße, Herbert Ott von der Brunnen- und Kerbegesellschaft, das Institut für Stadtgeschichte und viele andere haben uns eifrig geholfen.

*Andrea Möller und Andreas Flender*

# Sachsenhausen, wie es leibt und lebt

Für das 1193 erstmals urkundlich erwähnte Sachsenhausen gelten besondere Maßstäbe: Mit einer Fläche von 59.151 Quadratkilometern und 53.352 Einwohnern ist es der größte Stadtteil von Frankfurt. Um trotzdem den Überblick zu behalten, gibt es einen nördlichen und einen südlichen Verwaltungsbereich, den die Bürger allerdings nicht wahrnehmen. Zwar ist der Norden mit 4243 Quadratkilometern im Vergleich zum Süden mit 54.908 Quadratkilometern wesentlich kleiner, dort leben jedoch fast 3700 mehr Menschen – und zwar 28.501. Unter den Bäumen des Stadtwalds lässt es sich halt gut wandern, aber weniger gut wohnen. An der Nähe zur grünen Lunge mag es auch liegen, dass die Sachsenhäuser im südlichen Teil mit einem Durchschnittsalter von 45,05 gut fünf Jahre mehr auf dem Buckel haben als ihre nördlichen Nachbarn. Allen gemein ist, dass sie dem Stadtteil mit Leib und Seele verbunden sind und sich gerne ein bisschen vom übrigen Frankfurt abgrenzen. Beste Gelegenheit dazu bietet der Main, der mitten durch die City fließt. Und so betonen die Sachsenhäuser mit einem Augenzwinkern, dass sie dribbdebach, „drüben vom Bach", wohnen. Nicht zu verwechseln mit hibbdebach – „hüben vom Bach". Im Stadtteil fühlen sich besonders die Singles zu Hause: In 18.835 von insgesamt 32.739 Haushalten lebt nur eine Person. Natürlich gibt es in Sachsenhausen auch für verheiratete und unverheiratete Paare mit (3659) und ohne

(5753) Kinder reichlich Platz. Von 1111 Alleinerziehenden lassen sich 35 auch mit drei und mehr Sprösslingen nicht unterkriegen. Gut 11.000 ausländische Mitbürger bereichern den Alltag mit ihren vielfältigen Kulturen. Ganz vorne liegt die türkische Nationalität gefolgt von der italienischen, der kroatischen und der serbischen; das „Schlusslicht" bilden die Marokkaner. Wie es sich für den größten Stadtteil von Frankfurt gehört, gibt es hier vier Postleitzahlen: 60594, 60596, 60598 und 60599. Natürlich ist Sachsenhausen bestens zu erreichen: Nicht nur über die Autobahn, sondern auch mit dem öffentlichen Nahverkehr. S- und U-Bahn, Bus und Tram sind fast rund um die Uhr unterwegs. Zu den Knotenpunkten gehören Süd- und Lokalbahnhof, Schweizer Platz und Stresemannallee/Gartenstraße.

# Sachenhausens Geschichte im Schnelldurchgang

Begeben Sie sich auf historische Spuren und entdecken Sie das alte Sachsenhausen. Denn der größte Stadtteil von Frankfurt hat eine lange Vergangenheit.

Die offizielle Geschichte von Sachsenhausen beginnt im Jahr 1193 mit der ersten urkundlichen Erwähnung des Ortes. Königliche Ministerialen, darunter Kuno von Münzenberg, hatten sich am Südufer des Mains niedergelassen. Sowohl die Große als auch die Kleine Rittergasse in Alt-Sachsenhausen erinnern noch heute an die bekannten Geschlechter aus jener Zeit. Die Besiedlung des Ortes durch hohe Verwaltungsbeamte scheint sich stark auf den Bau der Alten Brücke ausgewirkt zu haben. Manche Historiker gehen sogar davon aus, dass der Übergang auf Betreiben Kuno von Münzenbergs entstand, da dieser eine Verbindung zwischen seinen Besitzungen nördlich und südlich des Flusses benötigte.

## *Wie der Teufel überlistet wurde*

Ob mit oder ohne Beteiligung des Edelmanns – die Alte Brücke ist das erste Bauwerk ihrer Art am Unterlauf des Mains. Sie wurde vermutlich im 12. Jahrhundert errichtet und war bis Mitte des 19. Jahrhunderts der einzige Übergang zwischen Frankfurt und Sachsenhausen. Obwohl die Stadtväter die ursprünglich hölzerne Kon-

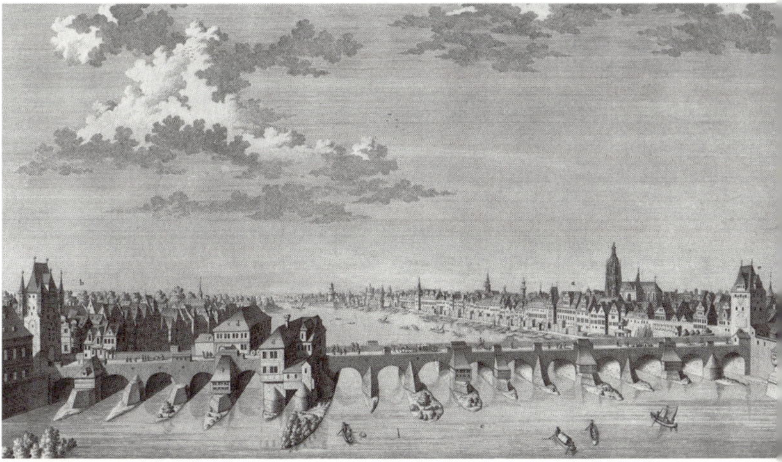

*Brücke mit Geschichte*

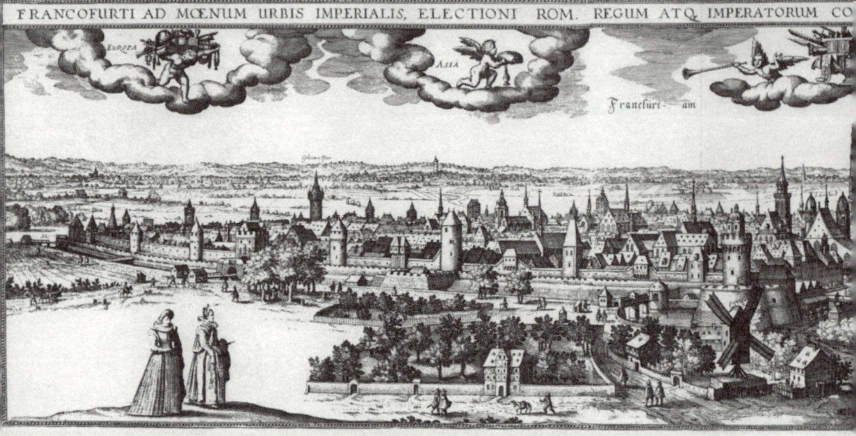


*Lange Zeit war die Alte Brücke die einzige Verbindung zwischen Hibbdebach und Dribbdebach*

struktion allmählich durch ein stabiles Modell aus Stein ersetzen ließen, wurde die Alte Brücke im Laufe der Jahrhunderte durch Hochwasser und Eisschollen wieder und wieder beschädigt. Der bisher letzte, 1911 entworfene und 1926 eröffnete Neubau, fiel gegen Ende des Zweiten Weltkriegs einigen Sprengladungen zum Opfer. Über die 1947 zusammengeflickte und 1965 verbreiterte Brücke rollen inzwischen rund 30.000 Fahrzeuge am Tag. Für das bereits Anfang des 15. Jahrhunderts dort aufgestellte Kreuz gab es übrigens zwei Gründe. Erstens markierte es die tiefste Stelle des Mains, und zweitens erinnerte es potenzielle Sünder daran, dass hier die Todesstrafe durch Ertränken vollzogen wurde. Mit dem goldenen Hahn auf der Spitze des Kreuzes – dem sogenannten Brickegickel – hat es allerdings eine andere Bewandtnis: Laut einer Sage ließ sich der unbekannte Baumeister der Alten Brücke mit dem Teufel ein. Dieser versprach, die in Verzug geratenen Arbeiten rechtzeitig zu vollenden, wenn er dafür die Seele des ersten Wesens erhalte, das die fertige Brücke überquere. Der kluge Mann unterschrieb die Abmachung zwar, überlistete

den Teufel jedoch, indem er am entscheidenden Tag einen Hahn vor sich her jagte.

Kurz hinter der Alten Brücke auf Sachsenhäuser Seite beginnt die frühere „Deutsche Bruder Gazza“ und heutige Brückenstraße. Sie erstreckte sich noch im späten 18. Jahrhundert bis zur Dreikönigs- und zur Elisabethenstraße und trennte den Stadtteil in das westliche Unter- und das östliche Oberdorf. An einer der wichtigsten Straßen von

*Eindrucksvoll: die Brückenstraße im 19. Jahrhundert*

Sachsenhausen lagen nicht nur das namensgebende Anwesen der Deutschherren, sondern auch die bekanntesten Wirtschaften des Stadtteils. Das Gasthaus zu den drei Rindern beispielsweise warb noch bis in die 1930er-Jahre damit, 1782 Friedrich Schiller und 1790 Wolfgang Amadeus Mozart beherbergt zu haben. Prominenter und verbürgerter Bewohner der Brückenstraße 19 ist Dr. Heinrich Hofmann – berühmter Arzt, Reformer der Psychiatrie und Autor des „Struwwelpeter".

## *Auf den Spuren Karls des Großen*

Über die Elisabethenstraße gelangen Hobbyhistoriker zu einem wichtigen Punkt der Ende des 14. Jahrhunderts errichteten und Anfang des 19. Jahrhunderts geschleiften

*Affentorhäuser – Klassizismus in Vollendung*

Stadtmauer – dem sogenannten Affentor. Am trutzigen Bauwerk sicherte man den Zugang zu Sachsenhausen und kontrollierte den ein- und ausgehenden Personen- und Güterverkehr. Als die gesamte Befestigungsanlage ihre militärische Bedeutung verlor, wurden anstelle der Affenpforte zwischen 1810 und 1811 zwei klassizistische Häuser gleichen Namens errichtet. Die Gebäude, die bis 1837 Zoll- und Wachpersonal beherbergten, stehen heute unter Denkmalschutz und gehören dem Frankfurter Caritasverband. Für die Bezeichnung Affentor gibt es viele Erklärungen. Eine Frankfurter Sage berichtet jedoch, dass Karl der Große auf der Flucht vor den Sachsen an diesem Ort das „Ave Maria" angestimmt habe und daraufhin gerettet wurde. Nach einem zweiten Gebet des bedeutenden Herrschers öffnete sich eine Quelle, die später den Namen Aveborn erhielt.

## *Tuff, tuff, tuff die Eisenbahn*

In südlicher Richtung, die Darmstädter Landstraße hinauf, geraten vor allem Eisenbahnfans ins Schwärmen – obwohl es enormer Fantasie bedarf, um sich das frühere Aussehen dieses Ortes vorzustellen. Der 1847 in Betrieb genommene Lokalbahnhof war nämlich Start- und Endpunkt des gleichnamigen Zuges, der zwischen Frankfurt und Offenbach verkehrte. Infolge der parallel verlaufenden Bebraer Bahn und der Einführung der Straßenbahn verlor die Strecke allerdings zusehends an Bedeutung und wurde 1955 ganz geschlossen. Mitte der 60er-Jahre entstand auf dem ehemaligen Bahnhofsgelände ein Hochhaus mit Büros und Geschäften.

*Der schmucke Lokalbahnhof fiel dem Krieg zum Opfer*

Ein Schlenker in östlicher Richtung führt Spaziergänger zum Gelände des ehemaligen Schlacht- und Viehhofs. Die beiden räumlich getrennten Anlagen wurden von 1882 bis 1885 erbaut und zwischen 1896 und 1902 erweitert. Auf einer Fläche von mehr als elf Hektar befanden sich Ställe, Markt- und Schlachthallen sowie ein gesonderter Bereich für kranke und seuchenverdächtige Tiere. Damit das gesunde Fleisch entsprechend gelagert werden konnte,

*Der Schlacht- und Viehhof galt als vorbildliche Anlage*

gab es unter jeder Schlachthalle einen Kühlkeller. Die einstmals vorbildliche Anlage wurde erst 100 Jahre später durch ein modernes „Fleischversorgungszentrum“ ersetzt, das 1993 den teils spektakulären Neubauten des Deutschherrnviertels weichen musste.

## *Schwere Zeiten für die Warte*

Jetzt heißt es tief durchatmen: An einem der höchsten Punkte des Sachsenhäuser Bergs lässt sich nämlich ein Bauwerk besichtigen, das zur örtlichen Landwehr gehörte. Die 1470 bis 1471 außerhalb des damaligen Frankfurts errichtete Warte ähnelte nicht nur optisch einer kleinen Burg. Neben Aussichtsturm und Wehrhof umfasste die massive Anlage Mannschaftsgebäude und Waffenlager

*Schon damals passierten viele die Sachsenhäuser Warte*

sowie natürlich einen Brunnen. Die Sachsenhäuser Warte hatte vor allem im 16. Jahrhundert einige Bewährungsproben zu bestehen. Während sie aus einem ersten Scharmützel mit Franz von Sickingen (1519) unbeschadet hervorging, wurde sie beim zweiten Angriff (1552) – dieses Mal durch den Markgrafen von Brandenburg – in Schutt und Asche gelegt. Das nach weiteren Attacken wieder und wieder errichte Bauwerk enthält bis heute Reste des Wohnhauses und des Brunnens. Unter dem Dach der Sachsenhäuser Warte befindet sich derzeit eine geräumige Gastwirtschaft mit gutbürgerlicher Küche und Frankfurter Spezialitäten. Und die sollte man sich unbedingt schmecken lassen!

## *Bewegte Vergangenheit*

Den Berg hinunter geht es zur nächsten Etappe: Das Stationsgebäude des Südbahnhofs stammt aus dem Jahr 1914. In seinen erkennbaren Jugendstilformen erinnert es an die dritte Empfangshalle des Höchster Bahnhofs, die ebenfalls vor Ausbruch des Zweiten Weltkriegs eingeweiht wurde. Zwischen Darmstädter Land- und Schweizer Straße hatte es bereits 1875 eine provisorische Anlage gegeben, die von den Sachsenhäusern aus gutem Grund als Bebraer Bahnhof bezeichnet wurde. Am Tag der Eröffnung befuhr die gleichnamige Bahn schließlich zum ersten Mal die neue Strecke zwischen Hanau und Frankfurt; Sachsenhausen und Offenbach waren somit an den Schienenverkehr angeschlossen. Ein trauriges Kapitel in den Annalen des Südbahnhofs ereignete sich im November 1938: 2500 jüdische Bürger wurden von hier aus in eine düstere Zukunft deportiert. Vor dem Stationsgebäude findet

*Südbahnhof: wichtiger Knotenpunkt mit bewegter Vergangenheit*

inzwischen ein Wochenmarkt statt. An rund 25 Ständen gibt es alles für Grünfutter-Fans und Fleischfresser.

## *Vom Ackerland zum Vergnügungsviertel*

In unmittelbarer Nähe des Südbahnhofs liegt die Schweizer Straße – pulsierendes Herz von Sachsenhausen. Dass das nicht immer so war, zeigt ein Stadtplan aus dem Jahr 1861: Weite Felder und wilde Gärten offenbarten eine eher ländliche Gegend. Mit dem Bau der Untermainbücke (1874) begann auch die Geschichte der Schweizer Straße, die alsbald zum Gustav-Adolf-Platz und darüber hinaus führte. Ein Großteil der prachtvollen Häuser, die zu beiden Seiten errichtet wurden, überstand den Ersten, doch leider nicht den Zweiten Weltkrieg. Den Abrissbirnen der späten 40er-Jahre folgten einige Bausünden, aber auch

*Der Schweizer Platz ist das Herz von Sachsenhausen*

eine vorbildliche Infrastruktur aus Wohn- und Geschäftshäusern. Auf der Schweizer Straße und ihrem seit 1954 als Schweizer Platz bezeichneten Zentrum herrschte schon immer reger Verkehr: Nach der Pferdebahn kam die dampfbetriebene Waldbahn, die elektrische Straßenbahn und schließlich die U-Bahn. Wer das besondere Flair der „Schweizer" genießen will, flaniert jedoch gemütlich entlang der Platanen oder setzt sich vor eines der vielen Lokale wie das „Frollein" mit seinen alpenländischen Schmankerln.

## Eisernes Schmuckstück

Der Gang durch die Sachsenhäuser Geschichte endet, wo er begonnen hat – an den Ufern des Mains. In direkter Nachbarschaft der Alten Brücke ragen die konkaven Metallbögen des Eisernen Stegs in die Höhe. Die massive

Stahlkonstruktion, die 1869 zur Entlastung des bis dahin einzigen Übergangs zwischen Hibbdebach und Dribbdebach errichtet wurde, ist der Tatkraft einer Frankfurter Bürgerinitiative zu verdanken. Zur Refinanzierung ihrer Ausgaben erhob die „Gesellschaft zum Bau einer Eisernen Brücke" eine Benutzungsgebühr – und zwar für einen Zeitraum von etwa 20 Jahren. Da sich die von Peter Schmick entworfene Brücke auf Anhieb großer Beliebtheit erfreute, ging sie jedoch wesentlich früher in den Besitz der Stadt über. Wie andere Bauwerke auch musste der Eiserne Steg nach und nach einige Korrekturen und Reparaturen über sich ergehen lassen. Von 1911 bis 1912 wurden die Pfeiler erhöht, 1946 die Kriegsschäden beseitigt und 1993 die Stahlkonstruktion sowie die Gehbahn saniert.

*Der Eiserne Steg entstand auf Betreiben von Frankfurter Bürgern*

# Sehenswürdigkeiten

Zu sehen und staunen gibt es jede Menge – von ehrwürdigen Kirchen bis hin zu anderen eindrucksvollen Bauten. Mittendrin: Alt-Sachsenhausen und die für diesen Stadtteil so typischen Brunnen. Natürlich hat hier auch Goethe seine Spuren hinterlassen.

## Deutschordenskirche: Barocke Schatzkiste

Die historische Kirche in unmittelbarer Nähe der Alten Brücke blickt auf eine lange und vor allem wechselvolle Geschichte zurück. Das Anfang des 14. Jahrhunderts erbaute und der Jungfrau Maria geweihte Gotteshaus war Schauplatz bedeutender politischer Ereignisse, diente aber auch wesentlich profaneren Zwecken: Bei der Belagerung von Frankfurt (1552) fungierte das heilige Gemäuer als Magazin für die Pulverbestände der Stadt. Da die einschiffige Kirche im gotischen Stil Mitte des 18. Jahrhunderts weitgehend barockisiert wurde, bildete sie mit dem wiedererrichteten Ordenshaus eine harmonische Einheit, die bis heute zu

*Schauplatz bedeutender Ereignisse*

bewundern ist. Das 1943 durch einen schweren Bombenangriff beschädigte Ensemble, das seit 1965 in alter Pracht erstrahlt, hält mehrere Sehenswürdigkeiten bereit: Die Muttergottesstatue an der Südostwand des Chors ist ein ganz besonderer Schatz.

**Ort/Kontakt:** Brückenstraße 7, Tel.: (069) 60 50 32 00, Internet: www.pfarrei-deutschorden.de

**Öffnungszeiten:** Mo.-Fr. 10.00-17.00 Uhr, Sa. 13.00-17.00 Uhr, So. 13.00-17.00 Uhr

**Verkehrsanbindung:** Bus 30/36 Elisabethenstraße

## *Haus Schellgasse 8: Kultur in historischem Gemäuer*

Einen schöneren Sitz hätten sich die Freunde Frankfurts, ein Verein zur Pflege der Frankfurter Tradition, nicht wünschen können. Denn das „Haus Schellgasse 8" ist das älteste Fachwerkhaus der Stadt: Es stammt von 1291/92. Noch bis Mitte der 1970er-Jahre wurde es bewohnt, 1980 schließlich unter Denkmalschutz gestellt. Dann gab es Pläne, das Schmuckstück an einem anderen Standort wieder aufzubauen. Doch daraus wurde nichts. 1986 erwarb die Frankfurter Aufbau-AG das

*Kleines Haus mit großer Tradition*

Gebäude und ließ es sanieren. 30 Prozent der alten Konstruktion konnten dabei erhalten bleiben. Nachdem dort vier Jahre lang eine Galerie ihr Domizil hatte, zogen 1992 die Freunde Frankfurts ein. Mit Lesungen, Ausstellungen und Vorträgen machen sie das Fachwerkhaus auch für Besucher erlebbar. Außerdem ist die Geschäftsstelle des Vereins zweimal in der Woche geöffnet.

**Ort/Kontakt:** Schellgasse 8, Tel.: (069) 61 59 18, Internet: www.freunde-frankfurts.de

**Öffnungszeiten**: Di.,Fr. 14.00-17.00 Uhr

**Verkehrsanbindung:** Bus 30/36 Elisabethenstraße, Bus 46 Schulstraße

## *Dreikönigskirche: Hoch hinaus*

In den Mauern der neogotischen Hallenkirche aus rotem Mainsandstein versammeln sich die Mitglieder der Dreikönigsgemeinde – der gegenwärtig größten evangelischen

*„Evangelische Antwort" auf den katholischen Dom*

Kirchengemeinde Frankfurts. Das zwischen 1875 und 1880 nach Plänen des Regensburger Dombaumeisters Franz Josef von Denziger errichtete Gotteshaus war lange Zeit das zweithöchste Gebäude der Stadt. Die „evangelische Antwort“ auf den im wahrsten Sinne des Wortes überragenden Dom bietet ausreichend Platz für 1100 Menschen. Ein farbenfroher Hingucker in dem ansonsten nüchternen Innenraum sind die 1956 von Charles Crodel geschaffenen Fenster, die im Altarraum die fünf Hauptstücke des Katechismus und seitlich die Anbetung der Drei Könige thematisieren. Die fünf Glocken der Dreikönigskirche gehören zum Frankfurter Stadtgeläut, das viermal im Jahr erklingt und besonders an Heiligabend die Menschen auf die Straßen lockt.

**Ort/Kontakt:** Dreikönigsstraße 32, Tel.: (069) 68 17 71, Internet: www.dreikoenigsgemeinde.de

**Öffnungszeiten:** Mo.-Sa. 10.00-17.00 Uhr

**Verkehrsanbindung:** Bus 30/36 Elisabethenstraße

## *Alt-Sachsenhausen: Wechselhafte Geschichte*

Alt-Sachsenhausen mit seinen kleinen Gassen, Plätzen und Brunnen zwischen den Fachwerkhäusern ist endlich wieder einen Besuch wert. War es in den 1960er- und 1970er-Jahren wegen seiner traditionellen Apfelweinwirtschaften sehr beliebt und glänzte durch eine gelungene Mischung aus Wohnen und Gewerbe, entwickelte es sich in den Jahren darauf immer mehr zum reinen Amüsierviertel mit einem Überangebot an Kneipen und Discos. Die Wohnqualität sank, der Einzelhandel blutete aus. So setzte Ende der 1980er-Jahre der Verfall ein. Doch die Stadt zog die Notbremse und stellte 2001 ein Förderprogramm über

*Gemächlicher Bummel durch alte Gassen*

10,5 Millionen Euro auf, das Alt-Sachsenhausen zu neuem Ansehen verhelfen sollte. Und es hat sich viel getan seitdem.

Dank der finanziellen Unterstützung sanierten 65 Eigentümer ihre jeweiligen Liegenschaften mit 310 Wohneinheiten gemäß des historischen Farbleitplans. Das positive Ergebnis zeigt sich zum Beispiel deutlich in der Klappergasse. Schöner anzusehen ist das Quartier aber auch durch das Geld, das in die Umgestaltung des öffentlichen Raums gesteckt wurde: Unter anderem hat das Viertel eine neue Pflasterung bekommen mit zum Teil goldenen Äpfeln auf den Steinen. Die funkelnden Früchte finden sich auch auf den Pollern an den Eingängen in die Fußgängerzone wieder, genau wie eine Reliefplatte aus Bronze mit einer Karte zur Orientierung. Auch viele Brunnen ließ die Stadt auf Vordermann bringen und sorgte für nächtliche Beleuchtung. Der Paradiesplatz, auf dem jedes

Jahr das Brunnenfest gefeiert wird, präsentiert sich ebenfalls frisch saniert. Beste Voraussetzungen für den geplanten Umbau des Paradieshofes: Denn dort heißt es bald Vorhang auf für den beliebten Schauspieler, Kabarettisten und Regisseur Michael Quast und seine „Fliegende Volksbühne". Andere Kulturstätten haben sich bereits im Quartier angesiedelt wie das Theater Gerlich-Raabe in der Großen Rittergasse und die Klosterpresse mit ihren Ausstellungen und Lesungen in der Paradiesgasse. Und erst Anfang 2011 wurde der Kuhhirtenturm mit Hindemith-Gedenkstätte in der Großen Rittergasse eröffnet. Der Wandel vollzieht sich langsam – doch inzwischen kommen wieder viele Besucher, die gemütlich in einer der urigen Gaststätten ihren Schoppen trinken oder Kultur genießen wollen. Und das Ganze in historischem Ambiente.

**Verkehrsanbindung:** Linie 14 Frankensteiner Platz, Bus 30/36 Affentorplatz oder Elisabethstraße

*In Alt-Sachsenhausen rutscht man gerne zusammen*

## *Frau-Rauscher-Brunnen: Spuckendes Original*

Vorsicht beim Vorbeischlendern am Frau-Rauscher-Brunnen! Denn die Figur auf dem Sockel, die mit Krug und Korb in den Händen einer typischen Sachsenhäuser Marktfrau von einst nachempfunden ist, spuckt in Intervallen Wasser. So sorgt er schon seit seiner Einweihung am 26. August 1961 für viel Spaß und Geschrei bei den Passanten. Kein Wunder, dass ihn der damalige Bürgermeister Rudolf Menzer als den frechsten Brunnen Frankfurts bezeichnet hat. In diesem Jahr feiert er seinen 50. Geburtstag. Geschaffen wurde er – wie so viele andere – von Bildhauer Georg Krämer. Bis heute ist er ein großer Anziehungspunkt. Dem Sachsenhäuser Original wurde auch ein Lied gewidmet, das im November 1929 der Redakteur Norbert Bruchhäuser komponierte, während der Werbegrafiker Kurt Strouhs den Text verfasste. Dabei geht es

*Touristischer Anziehungspunkt*

*Frau Rauscher kann's nicht lassen*

recht handfest zu: „Fraa Rauscher aus der Klappergass'? Die hat e Beul am Ei. Ob's vom Rauscher, ob's vom Alte kimmt, das klärt die Polizei."

**Ort/Verkehrsanbindung:** Klappergasse, Linie 14 Frankensteiner Platz, Bus 30/36 Affentorplatz

## *Steinern Haus: Fast so alt wie Methusalem*

Ein Besuch in Alt-Sachsenhausen lohnt sich nicht nur wegen des Ebbelweis und der vielen urigen Gaststätten. Hier stehen auch so einige Zeitzeugen wie das Steinern Haus in der Klappergasse 9. Es handelt sich dabei um das älteste Steinhaus (etwa 1450) und den einzigen Profanbau Sachsenhausens, der noch erhalten ist. Da es eine Gaststätte beherbergt, ist es auch von innen zu bewundern. Und gemütlich sitzen lässt es sich hier natürlich auch.

**Ort/Verkehrsanbindung:** Klappergasse, Linie 14 Frankensteiner Platz, Bus 30/36 Affentorplatz

## *Paradiesbrunnen: Jenseits von Eden*

Eine nicht ganz so paradiesische Vergangenheit, wie es der Name vermuten lässt, hat der Brunnen mit den Statuen von Adam und Eva. 1411 erstmals erwähnt, wurde er nicht nur immer wieder im alten Sachsenhausen versetzt, sondern musste auch ganz schön leiden: Mitte der 1950er wurden die Figuren beim Abbruch eines Hauses zerstört. Kaum waren sie 1956 wieder restauriert, rammte 1957 ein Fuhrwerk den Brunnen. Bildhauer Georg Krämer brachte ihn 1963 wieder in Schuss, doch schon 1968 machten sich Randalierer an ihm zu schaffen. Aber Adam und Eva, die den Brunnen seit 1786 schmücken, ließen sich davon nicht unterkriegen – und so thronen sie heute endlich friedlich auf dem Paradiesplatz. Die Stadt sorgte derweil 2010 für das passende Ambiente: Sie ließ den Platz neu pflastern, die Bäume im Kreis setzen und Bänke aufstellen. Nun scheinen wirklich paradiesische Zeiten für den Brunnen angebrochen zu sein.

*Wenn der Adam mit der Eva …*

**Ort/Verkehrsanbindung:** Paradiesplatz, Linie 14 Frankensteiner Platz, Bus 30/36 Affentorplatz

## *Kuhhirtenturm: Komponisten-Klause*

Auf die Spuren Paul Hindemiths können sich Besucher in Alt-Sachsenhausen begeben. Denn die Stadt hat den Kuhhirtenturm wie zu Zeiten des Komponisten restaurieren lassen und Anfang 2011 als Gedenkstätte eröffnet. Tatsächlich hat sich Hindemith in dem ehemaligen Wehrturm aus dem 15. Jahrhundert sehr wohl gefühlt. 1895 in Hanau geboren, kam er als Zehnjähriger nach Frankfurt. 1916, im Alter von nur 20 Jahren, wurde er Konzertmeister des hiesigen Opern- und Museumsorchesters. Die Stellung gab er allerdings 1923 auf, um nur noch als Komponist und Bratschist zu arbeiten – und das bis 1927 im Kuhhirtenturm. Das Gebäude wurde im Zweiten Weltkrieg stark beschädigt und 1957 saniert. Dann waren dort Wohnungen und Clubs der benachbarten Jugendherberge untergebracht. Jetzt steht es wieder ganz im Zeichen des

*Historische Gedenkstätte für einen großen Musiker*

Komponisten. Für die Exponate sorgte die Paul-Hindemith-Stiftung. Vom Bleistift, mit dem der Meister seine Werke verfasste, über Brillen bis zur Bratsche ist noch alles vorhanden. Unter dem Dach gibt es zudem einen kleinen Musikraum für Konzerte in fast familiärer Atmosphäre.
**Ort/Verkehrsanbindung:** Große Rittergasse, Linie 14 Frankensteiner Platz

## *Heiliger-Georg-Brunnen: Ritterlicher Jungspunt*

Neu und zugleich alt ist der Heilige-Georg-Brunnen, der im August 2007 im historischen Viertel eingeweiht wurde. Denn er hat einen Vorgänger, den Ritterbrunnen, der in der Großen Rittergasse in Höhe der Hausnummer 45 stand und von dem Kunsthandwerker Schnorr im 18. Jahrhundert geschaffen wurde. Inzwischen ist die beschädigte Brunnenfigur jedoch eingelagert. Nach ihrem Vorbild schaffte der Bildhauer Rainer Knußmann eine neue Statue aus rotem Sandstein, um den Brunnen wieder auferstehen zu lassen. Benannt ist er nun zwar nach dem Heiligen Georg, weil der jugendliche Ritter aus dem 18. Jahrhundert mit Lanze, Schild, Dolch und Helm deutlich als Dra-

*Der mit dem Drachen kämpft*

chentöter zu erkennen ist und der Heilige Georg als Patron der Krieger und Ritter gilt. Allerdings wollte Rainer Knußmann dem Ganzen etwas Witziges abgewinnen und gestaltete die Figur sehr kindlich und jungenhaft. So schenkt man dem stolzen Reiter eher ein Schmunzeln als Ehrfurcht.
**Ort/Verkehrsanbindung:** Große Rittergasse/Ecke Frankensteiner Straße, Linie 14 Frankensteiner Platz

## *Deutschherrnviertel: Gelungener Architektur-Mix*

Gemäß dem Motto „Wohnen und Arbeiten am Fluss" wuchs Ende der 90er auf dem früheren Schlachthofgelände das heutige Deutschherrnviertel in die Höhe. Das im Westen durch das Main Plaza und im Osten durch den Main Triangel begrenzte Areal präsentiert sich als Mischung unterschiedlicher Baustile. Während der elegante Hotelturm mit seiner dunkelroten Steinfassade an amerikanische Hochhäuser der 20er erinnert, ist der spitzwinkelige Bürokomplex eine moderne Konstruktion aus Glas und Stahl. Auf der Fläche dazwischen reihen sich mit den sogenannten Solitären zehn kubusartige Gebäude aneinander. Italienisches Flair ist im Florentini-

*Das Main Plaza ragt aus dem Viertel hervor*

schen Viertel zu spüren, das sowohl den ovalen Flachbau des Colosseo als auch das Trapezio Fiorentino mit seinen Arkaden umfasst. Die weiteren Gebäude lassen sich am besten über die breite Uferstraße erkunden, auf der Fußgänger und Radler das süße Leben genießen.
**Ort/Verkehrsanbindung:** Linie 14 Frankensteiner Platz, Bus 45 Zum Apothekerhof oder Zum Brommenhof

## *Philosophisch-Theologische Hochschule St. Georgen: Im Namen Gottes*

Studieren mit Tradition: Die Hochschule ist eine kirchlich und staatlich anerkannte wissenschaftliche Hochschule, die 1926 gegründet wurde. Ziel ist die Erforschung und Lehre der theologischen Wissenschaft und der philosophischen, natur- und humanwissenschaftlichen Disziplinen, die für sie bedeutsam sind. St. Georgen, das in der Bildungstradition und Verantwortung des Jesuitenordens steht, bietet allen die Möglich-

*Zentrum der Wissenschaften*

keit, ihren akademischen Abschluss zu machen. Außerdem gibt es das Priesterseminar, in dem junge Männer für ihren künftigen Beruf als Priester ausgebildet werden. Daneben befinden sich eine Kollegs- und Seminarkirche, der Wohnkomplex der Jesuitenkommunität und eine Bibliothek. In der nüchtern wirkenden Kirche werden fast täglich zu verschiedenen Zeiten Gottesdienste abgehalten, die allen offen stehen.
**Ort/Kontakt:** Offenbacher Landstraße 224, Tel.: (069) 60610, Internet: www.sankt-georgen.de
**Verkehrsanbindung:** S 8/9 Mühlberg, Linie 15/16 Balduinstraße

## *Willemer-Häuschen: „Liebeslaube"*

Als sich Bankier Johann Jakob von Willemer 1809 das achteckige Türmchen auf dem Sachsenhäuser Berg zulegte und als Gartenhaus ausbaute, ahnte er noch nicht, dass es kurz darauf in die Geschichte eingehen sollte. Denn am 18. Oktober 1814 feierte Johann Wolfgang von Goethe dort mit der Familie von Willemer den Jahrestag zur Völkerschlacht bei Leipzig. Dabei begegnete er Marianne, der Gattin seines Gastgebers, die ihm sehr gut gefiel. Es entstand eine innige Freundschaft, die Bankiersfrau soll sogar am „West-Östlichen Diwan" mitgeschrieben haben. Das Häuschen wurde Anfang des 20. Jahrhunderts von der Stadt instand gesetzt, 1902 durch das Deutsche Hochstift mit Möbeln und Erinnerungsgegenständen ausgestattet. Bomben zerstörten es im Zweiten Weltkrieg bis auf die Grundmauern. Der Wiederaufbau begann erst 1962, zwei Jahre später wurde es eröffnet. Auf zwei Stockwerken können sich die Besucher nun auf eine Reise in Goethes Ver-

*Wo der Dichter einst in Liebe entflammte*

gangenheit begeben – und danach die Seele baumeln lassen: Das Häuschen besitzt auch einen kleinen idyllischen Garten mit Blumen und Bänken.

**Ort/Kontakt:** Hühnerweg 74, Tel.: (069) 212-3 39 52
**Öffnungszeiten:** Apr.-Mitte Okt., So. 11.00-16.00 Uhr
**Verkehrsanbindung:** Bus 47 Dielmannstraße

## *Goetheruh: Wer rastet, der dichtet*

Sie bildet einen beschaulichen Ausgleich zum nahe gelegenen, stark frequentierten Goetheturm, und schon der große Dichter soll sich hier bei Spaziergängen erholt haben: die Goetheruh. Es handelt sich dabei um den größeren von zwei kleinen Aussichtshügeln, der einen idyllischen Blick auf die Stadt freigibt. Zum Teil ist der allerdings durch Bäume zugewachsen. Der Künstler Ian Hamilton Finley hat für den Platz eine griechische Säule aus Sandstein geschaffen, die im Jahr 2000 eingeweiht wurde. Auf ihr ist ein abgewandeltes Zitat aus Goethes

Faust II zu lesen: „Arkadien, ein Königreich in Spartas Nachbarschaft“. Doch es geht hier auch ums Praktische, denn Besucher sollen das Kunstwerk gleichzeitig als Bank zum Ausruhen nutzen. Das ist in der benachbarten Gaststätte ebenfalls möglich, die ihren Namen von der Goetheruh übernommen hat.

**Ort/Verkehrsanbindung:** Bus 30/36/653/OF-50 Sachsenhäuser Warte

## *Goetheturm: Gut Holz!*

Auch der Goetheturm hat einmal klein angefangen: Denn misst das Bauwerk heute stolze 43 Meter und galt bis 1999 sogar als das höchste zugängliche Holzgebäude in ganz Deutschland, so war sein Vorgänger von 1867 nur 22 Meter hoch. Bereits dieser erste Holzturm war Goethe gewidmet, denn der große Dichter unternahm dort oben auf dem Sachsenhäuser Berg gerne seine Spaziergänge. Das Gebäude war allerdings baufällig und musste nach dem Ersten Weltkrieg abgerissen werden. Den Nachfolger baute man 1931 dann fast doppelt so hoch. Trotzdem erklimmen viele Besucher tapfer die 196 Stufen bis zur Spitze, denn

*Auf hölzernen Stufen hoch hinaus*

von dort oben eröffnet sich ein herrlicher Ausblick auf Frankfurt. Doch nicht nur deswegen ist er ein beliebtes Ausflugsziel: Zu seinem Fuße bietet der große Waldspielpark mit Wasserspielen und Irrgarten viel Spaß und ein Gartenlokal Leckereien von süß bis deftig.

**Ort/Kontakt:** Ende des Wendelswegs

**Öffnungszeiten:** Apr.-Sep. 10.00-18.00 Uhr

**Verkehrsanbindung:** Bus 30/36/635/OF-50 Sachsenhäuser Warte

## *Nuur-Moschee: Wo Muhammad Ali betete*

Als die Nuur-Moschee (Moschee „des göttlichen Lichts") 1959 an der Babenhäuser Landstraße ihre Pforten öffnete, hatte sie noch Seltenheitswert. Denn sie war nach Hamburg erst die zweite Moschee, die nach dem Zweiten Weltkrieg in Deutschland gebaut wurde. Die in Sachsenhausen ansässige Ahmadiyya Muslim Gemeinde ist derweil schnell ange-

*Religiöser Treffpunkt nicht nur für Muslime*

wachsen. Hatte sie zu Beginn nur vier Mitglieder, so sind es heute rund 30.000 deutschlandweit. Die Kuppel und die beiden jeweils neun Meter hohen Minarette haben rein symbolischen Charakter. So ertönt von dort zum Beispiel kein Gebetsruf. Dafür gibt es zwei Gebetsräume – einer bietet Platz für 80, der andere für 40 Besucher. Die Eingangsbereiche sind nach Frauen und Männern getrennt. Muslime kommen jedoch nicht nur zum Beten hierher, sondern auch um sich zu versammeln und weiterzubilden. Grundsätzlich sind alle Religionen willkommen. Legendär: 1966 hat Boxlegende Muhammad Ali in der Moschee gebetet.
**Ort/Kontakt:** Babenhäuser Landstraße 25, Tel.: (069) 68 14 85, (069) 68 10 62, Internet: www.nuur-moschee.de
**Verkehrsanbindung:** Bus 30/36, OF-50 Hainer Weg

## *Königsbrünnchen: Royales Pausenplätzchen*

Der Name kommt nicht von ungefähr, denn einst soll sich der Sage nach der Frankenkönig Ludwig III. an der Quelle im Stadtwald nahe der Oberschweinstiege niedergelassen haben. Müde von der Jagd, schlief er beim Plätschern des Bächleins ein und träumte von seiner Frau, die er mit anderen lieblichen Gestalten tanzen sah. Bei diesem Anblick wurde Ihre Majestät wehmütig, denn er hatte die Gattin auf falsche Anschuldigungen hin in ein Kloster verbannt. Als er wieder erwachte, fuhr er sofort zu ihr, fiel auf die Knie, entschuldigte sich und bestrafte die Verleumder hart. Seitdem heißt die Stelle, an der die Quelle entspringt, Königsborn. Erst 1881 wurde sie mit Steinen eingefasst. Das Wasser gilt als besonders gut und lecker, da es Eisenoxidhydrat enthält, das die Steine im Laufe der Zeit rötlich-braun gefärbt hat. Zwar wird es bereits seit alten Zei-

*Mineralreiches Wasser mit besonderer Duftnote*

ten getrunken, aber Vorsicht: Eine regelmäßige Untersuchung auf Keime gibt es nicht.
**Ort/Kontakt:** Stoltzeschneise, über den Welscher Weg
**Verkehrsanbindung:** Linie 14 Oberschweinstiege

## *Henninger Turm und Brauerei: Schöppsche-Macher*

Das bis Mitte der 70er höchste Gebäude der Stadt ist eines der Wahrzeichen von Sachsenhausen. Der 120 Meter in den Himmel ragende Turm wurde 1961 im Auftrag der Henninger Brauerei errichtet und diente als Lagerraum für 14.000 Tonnen Gerste. Im Inneren des rechteckigen Gebäudes führten 731 Stufen in die Höhe, am oberen Ende drehte sich ein rundes Restaurant etwa dreimal pro Stunde um die eigene Achse. Der Verkauf des Traditionsunternehmens im Jahr 2001 bedeutete nicht nur die Schließung von Silo und Lokal, sondern auch den Abriss aller umgebenden Produktions- und Verwaltungsgebäude. Auf dem freigewordenen Gelände sollen in naher Zukunft 850 Appartements und ein Einkaufszentrum entstehen, für den Turm selbst gibt es derzeit vom Hotel- bis zum Wohnkomplex eine Vielzahl möglicher Pläne. Der zwischenzeitlich angedachte Neubau passt den meisten Sachsenhäusern allerdings „net in de Kram“.

**Ort/Kontakt:** Hainerweg 60-64

**Verkehrsanbindung:** Bus 47 Henninger Turm, Bus 30/36/653/OF-50 Darmstädter Landstraße Mitte

*Sachsenhäuser Wahrzeichen vor Frankfurter Skyline*

## St. Wendel: Buntes Farbenspiel

Zu ihrem 50-jährigen Bestehen 2007 gönnte die Gemeinde der von Professor Johannes Krahn entworfenen Kirche etwas ganz Besonderes: Nach 20 Jahren als Abstellkammer wurde die Kapelle im Innern des 37 Meter hohen Glockenturms renoviert, sodass seitdem dort wieder Kinder getauft werden können – wie ursprünglich auch gedacht. Darüber

*Sakrale Kunst des 20. Jahrhunderts*

hinaus steht der kleine Raum jedem zur Meditation offen. Um den passenden Rahmen zu schaffen, hat die Künstlerin Celia Mendoza neue Fenster für die Kapelle entworfen. Sie sind so aufgebaut, dass sich das Licht bricht und je nach Tageszeit neue Perspektiven entstehen. Bereits 1986 wurde St. Wendel „als bemerkenswertes und herausragendes Beispiel der Nachkriegsarchitektur" von der Stadt unter Denkmalschutz gestellt. Bekannt ist die Kirche seit jeher vor allem für das große Fenster des Künstlers Georg Meistermann auf der Südseite des Baus. Und Sie werden sehen: Das neue Farbenspiel in der Kapelle orientiert sich in seiner Gestaltung an diesem Werk.

**Ort/Kontakt:** Altes Schützenhüttengässchen 6, Tel.: (069) 68 29 02, Internet: www.st-wendel-gemeinde.de

**Verkehrsanbindung:** Bus 30/36/653/OF-50 Südfriedhof

## *St. Bonifatius: Mehr-Generationen-Haus*

Majestätisch ragt die Kirche St. Bonifatius, die 1926/27 entstanden ist, mit Giebelwand und Chorturm in die Höhe. Doch das Gebäude, das mit seiner Klinkerfassade eher norddeutsch wirkt, wurde bei Luftangriffen im Januar und März 1944 schwer getroffen. Die Bomben und der

Brand zerstörten viel von Gewölbe und Innenausstattung. Zwar wurde bis 1948 der größte Schaden beseitigt, auch in der Zeit danach konnte einiges erreicht werden. Doch erst 1987 stellte eine erneute Renovierung den expressionistischen Innenraum wieder her. Eine Fusion mit St. Aposteln im Ziegelhüttenweg erfolgte 2004. Große Veränderungen standen der Gemeinde 2005 ins Haus, als die Jugendkirche Jona mit in das Gebäude zog. Ein flexibles System aus Stühlen und einem großen Segel im Altarraum ermöglicht seitdem die Trennung zwischen traditionellem Gemeindeleben und Jugendkirche – trotzdem mischen sich hier die Generationen. Jona bietet mit speziellen Gottesdiensten und vielen Aktionen auch im benachbarten Schülercafé Orca ein abwechslungsreiches Programm für junge Menschen zwischen 14 und 20 Jahren.

**Ort/Kontakt:** Holbeinstraße 70, Tel.: (069) 6 31 10 26, Internet: www.st-bonifatius-ffm.de

**Verkehrsanbindung:** S 3/4, Bus 35/78 Stresemannallee Bahnhof

*Massives Bauwerk mit norddeutschem Touch*

# Kunst & Kultur

Mit dem Museumsufer hat Sachsenhausen ein einzigartiges Angebot. Kultur steht aber auch auf vielen kleinen und großen Bühnen im Mittelpunkt – und natürlich auf der Leinwand.

## Ikonenmuseum: Kult-Stätte

Der künstlerische „Grundstock" des in Hessen einzigartigen Museums ist Jörgen Schmidt-Voigt (1917-2004) zu verdanken. Sage und schreibe 800 Ikonen überließ der bekannte Mediziner der Stadt Frankfurt im Jahr 1988. Dass der Königsteiner Kardiologe, der aus beruflichen Gründen auch ins ferne Russland reiste, für seine Dienste lieber farbenprächtige Kultbilder als hohe Honorare nahm, war bis zu diesem Zeitpunkt kaum bekannt. Die durch Ankäufe, Schenkungen und Leihgaben erweiterte

*Hier ist alles Gold, was glänzt*

Sammlung christlich-orthodoxer Kunstwerke umfasst inzwischen mehr als 1000 Exponate aus dem 15. bis 20. Jahrhundert. Da neben historischen Stücken auch Ikonen der Neuzeit von Interesse sind, gibt es Sonderausstellungen etwa zu Marilyn Monroe. Den passenden Rahmen für sämtliche Objekte gestaltete Oswald Matthias Ungers, der das ehemalige Refektorium des Deutschordenshauses in ein kleines Museum mit Studiocharakter verwandelte.

**Ort/Kontakt:** Brückenstraße 3-7, Tel.: (069) 21 23 62 62, Internet: www.ikonenmuseumfrankfurt.de

**Öffnungszeiten:** Di.-So. 10.00-17.00 Uhr, Mi. 10.00-20.00 Uhr

**Verkehrsanbindung:** Bus 30/36 Elisabethenstraße

## *Klosterpresse: Kreative Truppe*

Früher gaben die Räume im Karmeliterkloster und eine alte Druckmaschine der Klosterpresse der Künstlerwerkstatt ihren Namen. Und der hat sich längst etabliert. So

*Viel Raum für innovative Kunst*

haben die Mitglieder ihn übernommen, als sie im Mai 2007 in den neu gestalteten Frankensteiner Hof in Alt-Sachsenhausen gezogen sind. Die bunte Truppe aus Malern, Musikern, Keramikern, Lyrikern und anderen kreativen Köpfen sollte dazu beitragen, das historische Viertel zu beleben. Und das ist gelungen, denn wechselnde Ausstellungen, Lesungen, Musik- und Filmabende sowie Theater locken immer wieder viele Besucher in die Klosterpresse. Dabei hat Mainstream keine Chance. Hinzu kommt, dass es in der Paradiesgasse auch kleine Ateliers und Werkstätten gibt, in denen die Künstler arbeiten und sich dabei auch mal über die Schulter blicken lassen.

**Ort/Kontakt:** Paradiesgasse 10, Tel.: (069) 13 82 59 58, Internet: www.klosterpresse.de

**Verkehrsanbindung:** Bus 30/36 Affentorplatz

## *Theater Gerlich-Raabe: Vorhang auf!*

Was einst eine Kneipe war, präsentiert sich heute als Theater: Sylvia Gerlich-Raabe, Leiterin des Ensembles Gerlich-Raabe, ist eine passionierte Schauspielerin und liebt Sachsenhausen. Gründe genug, eine kleine Bühne im historischen Viertel zu etablieren. Ende 2008 hat sie das „Alte Bierhaus“ komplett umgestaltet und trägt seitdem mit viel Eifer dazu bei, mehr Kultur ins Quartier zu bringen. In dem rund 30 Quadratmeter großen Raum können die Zuschauer Theater hautnah erleben. Dabei stehen Anton Tschechow und Ingeborg Bachmann genauso auf dem Programm wie eine hessische Version des „Kleinen Prinzen“. Ziel ist es, eine gute Mischung von heiter bis ernst hinzubekommen. Freunde von Komödien zum Schenkelklopfen sollten aber draußen bleiben. Bei größe-

*Die Bretter, die die Welt bedeuten*

ren Produktionen weicht das Ensemble in die nahe gelegene Klosterpresse oder ins Bibliothekszentrum aus.

**Ort/Kontakt:** Große Rittergasse 69-71, Tel.: (069) 68 37 45, Internet: www.gerlichraabe.de

**Verkehrsanbindung:** Linie 14 Frankensteiner Platz, Bus 30/36 Affentorplatz

## *Lesebühne: Schmökerstunde*

Sie finden Lesungen langweilig? Dann waren Sie noch nicht im Ponyhof, wenn die Lesebühne dort Station macht. Was 2002 in der Frankfurter Schule in der Fichardstraße als Versuch begann, hat inzwischen Kultcharakter. Das hätte sich Tilmann Birr nicht träumen lassen, der einst feststellen musste, dass es in Berlin sehr viele, in Frankfurt dagegen kaum Lesebühnen gibt. Es war höchste Zeit, das zu ändern. Gut so, denn es herrscht Hochbetrieb in der Klappergasse 16, wenn es jeden zweiten Sonntag im Monat literarisch zur Sache geht. Gemeinsam mit Lisa

Danulat, Dramatikerin und Hausautorin am Staatstheater Mainz, Kabarettist Severin Groebner, Liedermacher Elis und Timon Manoukis liest Tilmann Birr nicht nur neue und vor allem komische Geschichten vor. Manchmal spielen sie kleine Szenen oder singen Lieder. Dazu holt sich das Team auch gerne Gastredner aus ganz Deutschland.

**Ort/Kontakt:** Klappergasse 16, Internet: www.dielesebuehne.de

**Öffnungszeiten:** jeden zweiten So. im Monat ab 21 Uhr

**Verkehrsanbindung:** Linie 14 Frankensteiner Platz, Bus 30/36 Affentorplatz

## *Harmonie: Wo Popcorn-Kino keine Chance hat*

Neben Cinestar und Co. in Frankfurt und Umgebung ist die Harmonie in Sachsenhausen eine willkommene

*Farben der Fantasie*

Abwechslung. Im Gegensatz zu den seelenlosen Großkinos hat sich das gemütliche Filmtheater den Charme eines echten Lichtspielhauses bewahrt. Das sowohl renovierte als auch modernisierte Kino verfügt über einen kleinen (90 Personen) und einen großen Saal (210 Plätze) – Letzterer sogar mit Balkon. Auf dem Programm stehen Arthouse-Produktionen und gehobenes Entertainment abseits des Hollywood-Mainstreams. Sämtliche Streifen flimmern erfreulicherweise ohne lästige Werbung über die Leinwand. Nachteulen dürften allerdings die in vielen anderen Häusern zumindest am Wochenende üblichen Spätvorstellungen vermissen.

**Ort/Kontakt:** Dreieichstraße 54, Tel.: (069) 66 37 18 36, Internet: www.arthouse-kinos.de

**Öffnungszeiten:** je nach Vorstellung

**Verkehrsanbindung:** S 2-6, Linien 14-16 Textorstraße, Bus 30/36/45-48/653 Lokalbahnhof

## *Bibliothekszentrum: Nicht nur für Bücherwürmer*

Das Jahr 2009 war ein Glücksfall für das Bibliothekszentrum: Damals zog die Bücherei vom Lokalbahnhof in das umgebaute ehemalige Straßenbahndepot. Seitdem ist das Angebot auf den rund 1000 Quadratmetern noch größer. Neben 35.000 Medien stehen fünf Internet-Terminals, zehn Multimedia-PCs und eine Lernstation für das 1. bis 13. Schuljahr mit Lexika, Software sowie Sachliteratur zur Verfügung. In der sogenannten Freestyle-Ecke speziell für Jugendliche gibt es nicht nur aktuelle Bücher, sondern auch Comics, PC-Spiele, DVDs, CD-ROMs und eine Playstation. Außerdem erwartet Besucher in dem Zentrum ein breit gefächertes kulturelles Programm, das von

*Anlaufstelle für Wissbegierige*

Angeboten für die Kleinen wie Bilderbuch-Kino oder Bastelnachmittage über Theater und Lesungen für Erwachsene am Abend bis zu wechselnden Ausstellungen reicht. Auch der Standort der Bibliothek in einem Viertel mit Lokalen, Cafés und Einkaufsmöglichkeiten macht den großen Erfolg aus.

**Ort/Kontakt:** Hedderichstraße 32, Tel.: (069) 212-3 39 58, Internet: www.stadtbuecherei-frankfurt.de

**Öffnungszeiten:** Mo., Mi., Fr. 11.00-17.00 Uhr, Di., Do. 13.00-19.00 Uhr, Sa. 11.00-14.00 Uhr

**Verkehrsanbindung:** S 3-6, U 1-3/8, Linien 14-16/19, Bus 45/47/48/61/78/80/653 Südbahnhof

## *Musiklokal Südbahnhof: Der Rhythmus, bei dem jeder mitmuss*

Sie sind schon legendär: die musikalischen Frühschoppen an jedem Sonntag. Ihren Ursprung haben sie auf dem ehemaligen Schlachthofgelände, das aber Mitte der 90er-Jahre dem neuen Deutschherrnviertel weichen musste. Kein Problem, Betreiber Thomas Schlegel setzte daraufhin das Programm im Südbahnhof fort. Bis heute starten hier Familien mit Rock, Pop, Soul oder Jazz in den Sonntag, Kinder haben freien Eintritt. Musikgrößen wie Joy Fleming oder die Beatles Revival Band stehen dann auf der Bühne. Der Samstagabend gehört meist den Disco-Freunden. Bei den beliebten Ü-30-Partys können sich alle über 30-Jährigen zu der Musik der 1970er- bis 90er-Jahre und den Hits aus den aktuellen Charts auf der Tanzfläche austoben. Regelmäßig lädt auch die hr-Bigband zum Konzert in den Südbahnhof ein, um die Besucher zum Swingen zu bringen. Keine Frage, hier spielt die Musik.

**Ort/Kontakt:** Diesterwegplatz, Tel.: (069) 62 32 01, Internet: www.suedbahnhof.de

**Verkehrsanbindung:** S 3-6, U 1-3/8, Linien 14-16/19, Bus 45/47/48/61/78/80/653 Südbahnhof

*Musikfans unter ihresgleichen*

## *Die Fabrik: Bühne frei für neue Talente*

Ein Kulturzentrum der besonderen Art ist die 1881 errichtete Fabrik schon seit mehreren Jahren. Wo früher Mineralöl hergestellt und abgefüllt wurde, finden heute Konzerte und Lesungen statt. Engagierte Initiatoren der Veranstaltungen im Hauptgebäude sind die Mitglieder des gemeinnützigen Vereins „Kultur in der Fabrik". Während unter dem Motto „Jazzlab" erfahrene Musiker und junge Künstler das Publikum begeistern, stehen bei „Different Colors" Noten aus aller Welt auf dem Programm. Für geistig behinderte Menschen mit großer künstlerischer Begabung bietet die denkmalgeschützte Fabrik ebenfalls ausreichend Platz. Das in der Remise untergebrachte „Atelier Goldstein" ermöglicht den Malern und Bildhauern, professionell zu arbeiten und auszustellen. Für das leibliche Wohl sorgt die Gastronomie im urigen Gewölbekeller. Kostas Tsapakidis, der Betreiber der Taverna Omikron, serviert seine mediterrane Küche bei steigenden Temperaturen auch im Sommergarten. Und die schmeckt!
**Ort/Kontakt:** Mittlerer Hasenpfad 5, Internet: www.diefabrik-frankfurt.de
**Verkehrsanbindung:** Linie 14 Schweizer Straße/Mörfelder Landstraße

## *Frankfurt Art Bar: Mit den Künstlern auf Du und Du*

Einst liefen hier die Maschinen auf Hochtouren, heute ist im Ziegelhüttenweg 32 Kreativität gefragt. Denn 2005 hat in der ehemaligen Druckerei die Frankfurt Art Bar eröffnet. Während die Besucher die Leckereien aus der Küche

*Hier spielt die Musik*

genießen, bekommen sie auf der Bühne jeden Abend ein anderes musikalisches Programm serviert. Meistens schlagen die Künstler, von denen Betreiberin Janice Young viele persönlich kennt, jazzige Töne an. Aber auch Swing, Latin, Funk, Chansons und irische Klänge sind in dem familiären Lokal zu hören. Theater, Lesungen, Ausstellungen und Kabarett runden das Ganze ab. Donnerstags ist die Bühne für Nachwuchsmusiker und -literaten freigegeben, die sich dann rund 15 Minuten lang erstmals der Öffentlichkeit präsentieren können. Einmal im Monat wird am Sonntagnachmittag zum Swing-Tanztee geladen. Bei den meisten Veranstaltungen ist der Eintritt frei.

**Ort/Kontakt:** Ziegelhüttenweg 32, Tel.: (069) 63 30 79 38, Internet: www.frankfurtartbar.de

**Öffnungszeiten:** Di.-Sa. ab 19.00 Uhr

**Verkehrsanbindung:** Linie 14 Schweizer Straße/Mörfelder Landstraße

## *Museum Giersch: Heimische Kunst öffentlich gemacht*

Das jüngste Museum von Frankfurt ist der Kunst- und Kulturgeschichte des Rhein-Main-Gebiets gewidmet – und die kann sich durchaus sehen lassen. In der neoklassizistischen Villa am Sachsenhäuser Ufer reihen sich seit nunmehr zehn Jahren die Werke regionaler Maler, Grafiker, Bildhauer, Architekten und Fotografen des 19. und frühen 20. Jahrhunderts aneinander. Während das Erdgeschoss des ursprünglich für Philipp Holzmann errichteten Gebäudes einer kleinen Auswahl an Frankfurter Malerei vorbehalten ist, finden auf der ersten bis dritten Etage wechselnde Ausstellungen statt. Das lediglich durch die Stiftung Giersch finanzierte Museum hat sich darauf spezialisiert, Leihgaben etwa aus privaten Sammlungen zu präsentieren, die öffentlich nicht zugänglich sind.

*Wo sich lokale Größen ein Stelldichein geben*

**Ort/Kontakt:** Schaumainkai 83, Tel.: (069) 63 30 41 28, Internet: www.museum-giersch.de
**Öffnungszeiten:** Di.-Do. 12.00-19.00 Uhr, Fr. 12.00-17.00 Uhr, Sa., So. 11.00-17.00 Uhr
**Verkehrsanbindung:** Linien 12/15/16/19, Bus 46 Stresemannallee/Gartenstraße

## *Liebieghaus Skulpturensammlung: Macht eine gute Figur*

Prächtige Heimat für kunstvolle Skulpturen

Wo früher der böhmische Textilfabrikant Heinrich Baron von Liebieg residierte, ist heute eine der bedeutendsten Skulpturensammlungen von ganz Europa untergebracht. In den Räumen des prachtvollen Gründerzeitgebäudes samt Galerieanbau finden sich griechische, römische und ägyptische Figuren aus der Antike; dazu Stücke aus Mittelalter, Renaissance, Barock und Klassizismus sowie ostasiatische Skulpturen. Zu den Höhepunkten des im Laufe der Zeit auf 3000 Werke angewachsenen Bestands gehören die marmorne Athena des Myron, der Rimini-Altar aus Alabaster und der ebenfalls marmorne Marsyas-Sarkophag „Alberici“ – eines der bekanntesten Werke des ausgehenden zweiten Jahrhunderts. Neben geistiger gibt es auch körperliche Nahrung: Das Café im Liebieghaus verkauft den besten Kuchen von Sachsenhausen, der im museumseigenen Park gleich doppelt gut schmeckt.

**Ort/Kontakt:** Schaumainkai 71, Tel.: (069) 6 50 04 90, Internet: www.liebieghaus.de

**Öffnungszeiten:** Di., Fr.-So. 10.00-18.00 Uhr, Mi., Do. 10.00-21.00 Uhr

**Verkehrsanbindung:** Linien 15/16/19 Otto-Hahn-Platz, Bus 46 Städel

## *Städel Museum & Städelsches Kunstinstitut: Kunst für jeden Geschmack*

Auf ihr Städel sind die Sachsenhäuser besonders stolz: Neben dem „Weiblichen Idealbildnis" von Sandro Botticelli beherbergt das zwischen 1874 und 1878 im Stil der Gründerzeit errichtete Gebäude viele weitere bedeutende Werke. Mit 2800 Gemälden und 600 Skulpturen sowie 100.000 Zeichnungen und Druckgrafiken gewährt das Museum einen außergewöhnlichen Einblick in 700 Jahre europäische Kunstgeschichte. Vom frühen 14. Jahrhundert über Renaissance und Barock bis hin zu Klassischer Moderne und Gegenwart. Um die kontinuierlich wachsende Sammlung zeitgemäß präsentieren zu können, arbeiten momentan zahllose Handwerker am unterirdischen Erweiterungsbau. In der 3000 Quadratmeter großen Museumshalle finden ab Sommer 2011 alle Kunstwerke Platz, die nach 1945 entstanden sind. Im linken Seitenflügel des Städel ist ein ganz anderer Künstler am Werk: Jo Ballmann, der im Holbein's internationale Küche für Feinschmecker serviert.

*Große Meister in historischen Mauern*

**Ort/Kontakt:** Schaumainkai 63, Tel.: (069) 6 05 09 80, Internet: www.staedelmusem.de
**Öffnungszeiten:** Di., Fr.-So. 10.00-18.00 Uhr, Mi., Do. 10.00-21.00 Uhr
**Verkehrsanbindung:** Linien 15/16/19 Otto-Hahn-Platz, Bus 46 Städel

## *Museum für Kommunikation: Hier werden Verbindungen geschaffen*

Hätten Sie gewusst, dass der erste funktionierende Apparat zur Übertragung von Tönen mittels elektrischer Leitungen – also das erste Telefon – dem hessischen Physiklehrer Johann Philipp Reis zu verdanken ist? Durch einen Besuch

*Tierisch gute Verbindungen*

der erstaunlich vielfältigen Ausstellung mit zahlreichen interaktiven Stationen lässt sich so manche Bildungslücke schließen. Weil der Fokus nicht nur auf historischen Objekten, sondern auch auf aktuellen Entwicklungen liegt, gibt es neben alten Postkutschen und seltenen Radiogeräten immer Neues zu entdecken. Da das Museum für Kommunikation lediglich Teile der Sammlung zeigen kann, stehen Führungen durch das Heusenstammer Depot auf dem Programm. Die Hin- und Rückfahrt im gelben Postbus von 1925 ist für die Besucher eine ebenso große Attraktion wie die köstlichen Brownies und Cookies aus dem museumseigenen Café. Mit Pächterin Dianne Sinclair ist hier immerhin eine echte Amerikanerin am Werk.

**Ort/Kontakt:** Schaumainkai 53, Tel.: (069) 6 06 00, Internet: www.mfk-frankfurt.de

**Öffnungszeiten:** Di.-Fr. 9.00-18.00 Uhr, Sa., So., Feiertage 11.00-19.00 Uhr

**Verkehrsanbindung:** U 1-3/8 Schweizer Platz, Linien 15/16/19 Schweizer-/Gartenstraße, Bus 46 Untermainbrücke

## *Deutsches Architekturmuseum: Drei unter einem Dach*

Ausstellungsraum, Sammlungsort, Diskussionszentrum: Das 1984 eröffnete Museum hat seinen Besuchern allerhand zu bieten. In der nach den Plänen des renommierten Kölner Architekten Oswald Mathias Ungers umgebauten Gründerzeitvilla sind sowohl aktuelle als auch historische Wanderausstellungen zu Architektur und Städtebau an der Tagesordnung. Die Dauerausstellung „Von der Urhütte zum Wolkenkratzer" veranschaulicht mithilfe von 25 Modellpanoramen die Entwicklungsgeschichte der Baukunst. Im Zentrum des komplett in Weiß gestalteten Museums findet sich übrigens eine kubische Konstruktion – ein von eigenen Wänden umschlossenes „Haus-im-Haus", das als allgemeine Metapher für Architektur zu verstehen ist. Während der Schulferien öffnet regelmäßig die Lego-Baustelle, die kleinen und großen Nachwuchs-Architekten viel Spaß macht.

*Baukunst in Reih und Glied*

**Ort/Kontakt:** Schaumainkai 43, Tel.: (069) 212-3 88 44, Internet: www.dam-online.de
**Öffnungszeiten:** Di., Do.-Sa. 11.00-18.00 Uhr, Mi. 11.00-20.00 Uhr, So. 11.00-19.00 Uhr
**Verkehrsanbindung:** U 1-3/8 Schweizer Platz, Linien 15/16/19 Schweizer-/Gartenstraße, Bus 46 Untermainbrücke

## *Deutsches Filmmuseum: Wo sich die Stars tummeln*

Das Mitte der 80er-Jahre eröffnete Museum hat sich über die hessischen Grenzen hinaus einen hervorragenden Ruf erworben. Damit das so bleibt, sind momentan innen wie außen weitreichende Umbauten im Gange. Gemäß dem Motto „mehr Raum für den Film" bietet das zwischenzeitlich komplett entkernte Gebäude ab Sommer 2011 etwa 30 Prozent zusätzliche Fläche. An Café, Museums-Shop und Mediathek vorbei geht es in die erste und zweite Etage, wo sich auf 800 Quadratmetern die neue Dauerausstellung präsentiert – von den historischen Vorläufern der Kinematografie bis zu den Prinzipien der Filmsprache. Der dritte Stock ist den Sonderausstellungen etwa zu einzelnen Genres vorbehalten. In der vierten Etage befindet sich ein großzügiger Werkstattbereich. Dank des komplett modernisierten Kinos sowie zahlreichen Workshops für Kinder und Jugendliche steht auch weiterhin Filmgeschichte zum Anschauen und Anfassen auf dem Programm.
**Ort/Kontakt:** Schaumainkai 41, Tel.: (069) 9 61 22 00, Internet: www.deutsches-filmmuseum.de
**Öffnungszeiten**: ab Sommer 2011

**Verkehrsanbindung:** U 1-3/8 Schweizer Platz, Linien 15/16/19 Schweizer-/Gartenstraße

## *Museum der Weltkulturen: Globale Kult(o)ur*

Das 1904 gegründete Museum der Weltkulturen hat eine einzigartige Sammlung von 67.000 Artefakten aus allen Teilen der Welt. Darüber hinaus verfügt es über eine Mediathek mit etwa 120.000 Fotografien, historischer und zeitgenössischer ethnografischer Filme und eine über 50.000 Bücher und Zeitschriften umfassende Bibliothek. Unter Anleitung der Forschungskustoden des Museums werden internationale Kuratoren, Wissenschaftler, Künstler und Studenten im Weltkulturen-Labor dazu eingela-

*Villen für die Kunst*

den, Objekte aus der Sammlung neu zu interpretieren. Das Museum, beherbergt in drei Gründerzeitvillen am Schaumainkai, produziert öffentliche Ausstellungen, veranstaltet verschiedene Events, erteilt Wissenschaftlern, Schriftstellern und bildenden Künstlern Forschungsaufträge und entwickelt innovative Bildungskonzepte.
**Ort/Kontakt:** Schaumainkai 29-37, Tel.: (069) 21 23 15 10, Internet: www.weltkulturenmuseum.de
**Öffnungszeiten**: bitte der Website entnehmen
**Verkehrsanbindung:** U 1-3/8 Schweizer Platz, Linien 15/16/19 Schweizer-/Gartenstraße

## *Bibelhaus Erlebnis Museum: Der Name ist Programm*

Die Bibel und ihre Botschaft sind das zentrale Thema des 2003 eröffneten Museums. Was steht im Buch der Bücher? Wer hat es geschrieben? Was sagt es mir heute? Auf diese und ähnliche Fragen erhalten Besucher jeder Altersstufe

*Religiöse Geschichte aus nächster Nähe*

sowohl wissenschaftlich fundierte als auch leicht verständliche Antworten. Da das Bibelhaus ein interaktiver Ort der Geschichtsvermittlung ist, kann man in die Welt des am häufigsten übersetzten Buches eintauchen, und zwar mithilfe originaler Funde sowie zahlreicher Erlebnisstationen. Nach mehrmonatigen Umbauarbeiten präsentiert sich das Museum seit Frühjahr 2011 überdies mit einer neu inszenierten Dauerausstellung: Verschiedene Aspekte eines Zeitraums von etwa 200 Jahren um Christi Geburt stehen hier im Fokus – vom Leben am Tempel über Verfolgung und Widerstand bis hin zu Jugend und Musik.

**Ort/Kontakt:** Metzlerstraße 19, Tel.: (069) 66 42 65 25, Internet: www.bibelhaus-frankfurt.de

**Öffnungszeiten:** Di.-Sa. 10.00-17.00 Uhr, Mi. 10.00-20.00 Uhr, So. 14.00-18.00 Uhr

**Verkehrsanbindung:** U 1-3/8 Schweizer Platz, Linien 15/16/19 Schweizer-/Gartenstraße

## *Museum für Angewandte Kunst Frankfurt: Kunsthandwerk – Handwerkskunst*

Inmitten der weitläufigen Parklandschaft des Museums für Angewandte Kunst steht das strahlend weiße Gebäude von Stararchitekt Richard Meier. Der in Kuben angeordnete Komplex, der die herausragende Sammlung europäischen, aber auch asiatischen Kunsthandwerks seit 1985 beherbergt, legt sich winkelförmig um die klassizistische Villa Metzler – das frühere Museumsgebäude. Im Inneren erwartet den Besucher eine zweiläufige Rampe, die zu den einzelnen Etagen und Epochen führt. Die Ausstellung umfasst Exponate aus Mittelalter, Renaissance und Barock, Klassizismus und Historismus, Jugendstil und Art

*Klassik und Moderne harmonisch vereint*

Déco sowie Objekte, die nach 1945 entstanden sind. Eine Abteilung für Produktdesign mit Gebrauchsgegenständen ab 1900 und eine Vielzahl von Stücken aus den Bereichen Buchkunst und Grafik ergänzen das Angebot.

**Ort/Kontakt:** Schaumainkai 17, Tel.: (069) 21 23 40 37, Internet: www.angewandtekunst-frankfurt.de

**Öffnungszeiten:** Di., Do.-So. 10.00-17.00 Uhr, Mi. 10.00-21.00 Uhr

**Verkehrsanbindung:** Bus 46 Eiserner Steg

## Ausstellungshalle: Für Lokalmatadoren

Weit mehr als eine Galerie ist die Ausstellungshalle, die im April 1999 im Hinterhof eines Fachwerkhauses eröffnet wurde. In der ehemaligen Waschhalle, 250 Quadratmeter groß, möchte der Leiter Dr. Robert Bock zusammen mit dem Verein „Kunst in Frankfurt“ ein gemeinnütziges Kultur- und Bildungsprogramm bieten. Wobei der Schwerpunkt auf Einzel- und Gruppenausstellungen von Frankfurter Künstlern liegt. Die Richtungen sind breit gefächert, reichen von Malerei und Zeichnungen über Bildhauerei bis zur Fotografie. Gleichzeitig sollen die Künstler Gelegenheit bekommen, Kontakte zu Galerien und Sammlern zu knüpfen, um von ihrer Arbeit auch leben zu können. Theater, Lesungen, Diskussionsabende, Musik- und Filmaufführungen stehen hier außerdem auf dem Programm. In der Ausstellungshalle wurde auch der Erfolg der sogenannten Stilblüten begründet, eine Messe, die jungen Modemachern eine Chance bietet, ihre Kollektionen zu präsentieren.

**Ort/Kontakt:** Schulstraße 1A, Tel.: (069) 96 20 01 88, Internet: http://ausstellungshalle.info

**Verkehrsanbindung:** Bus 30/36 Elisabethenstraße

*Den Blick aufs Wesentliche gerichtet*

# Sachsenhausens grüne Lungen

So urban Sachsenhausen auch ist, Frankfurts größter Stadtteil zeigt sich gerne von seiner grünen Seite. In Parks, Gärten und am Wasser können Einheimische und Gäste kräftig durchatmen.

## Museumspark: Kulturelle Verschnaufpause

Sie möchten nach dem Kulturgenuss ein bisschen Frischluft tanken? Der Park zwischen dem Museum für Angewandte Kunst und dem Museum der Weltkulturen ist zwar nicht riesig, bietet aber Entspannung mitten in Frankfurt. Zumal die Stadt ihn als Liegewiese auserkoren hat, sodass dort weder Hunde noch Ballspiele erlaubt sind. Im Zentrum der kleinen Oase stehen die beiden Brun-

*Kunst im Grünen*

nen, die zur Eröffnung des Museums für Angewandte Kunst von dem amerikanischen Star-Architekten Richard Meier geschaffen wurden, nach dessen Entwürfen auch das Museum selbst entstanden ist. Die bestimmende Farbe in beiden Fällen ist Weiß. Wer den Blick auf Park und Brunnen bei einem Glas Wein oder gutem Essen genießen will, kann dies vom Café und Restaurant Emma Metzler aus tun, das sich direkt im Museum für Angewandte Kunst befindet.
**Ort/Kontakt:** Schaumainkai, Höhe Hausnummer 15
**Verkehrsanbindung:** Bus 46 Eiserner Steg

## *Seehofpark: Großstadtoase*

Besonders Kinder und Familien tummeln sich gerne in dem 2,7 Hektar großen Park am Ostrand des Stadtteils. Schließlich gibt es hier einen Spielplatz, eine große Wiese zum Toben und einen Bolzplatz. Auch Vereine wie die TG Sachsenhausen nutzen die Grünanlage, um im Sommer zum Beispiel Gymnastik unter freiem Himmel anzubieten. Dank der Quelle, die 1857 gefasst wurde, hat der städtische Park Geschichte geschrieben. In den ersten Jahren soll es sogar Fischteiche gegeben

*Hier blühen die Besucher auf*

haben, später wurde ein Gutshof errichtet. 1859 nahm dort ein Wasserwerk den Betrieb auf. Zunächst nutzten Brauereien, Gärtnereien und der städtische Schlachthof das Wasser, heute wird so das neue Deutschherrnviertel versorgt.

**Ort/Kontakt:** Seehofsweg/Reversbrunnenweg
**Verkehrsanbindung:** Bus 47 Seehofpark

## *Park der Hochschule St. Georgen: Grünes Juwel*

Manchmal lohnt sich ein Blick hinter hohe Mauern – etwa bei der Philosophisch-Theologischen Hochschule St. Georgen. Denn direkt an die Seminargebäude schließt sich ein 7,5 Hektar großer Park mit gut 1200 Gehölzen an. Bei diesen handelt es sich nicht nur um heimische, sondern auch um viele exotische Pflanzen und Bäume wie die Chilenische Aurakarie, den Kuchenbaum, dessen Blätter im Herbst nach Lebkuchen duften, und den japanischen

*Garten der Wissenschaften*

Lackbaum. Zu verdanken ist die biologische Vielfalt Pater Rainer Koltermann, der seit 1974 zahlreiche Pflanzen von seinen Reisen mitgebracht, in dem Park eingepflanzt und mit Namensschildern versehen hat. Keine Frage, dass er sich bis zu seinem Tod 2009 auch liebevoll um das grüne Juwel, Hessens größten Privatpark, gekümmert hat. Die Hochschule setzt nun seine Arbeit fort.

**Ort/Kontakt:** Offenbacher Landstraße 224, Tel.: (069) 60610, Internet: www.sankt-georgen.de

**Verkehrsanbindung:** S 8/9 Mühlberg, Linie 15/16 Balduinstraße

## *Südfriedhof: Paradiesischer Garten*

Hätten Sie gewusst, dass die letzte Ruhestätte der Sachsenhäuser ursprünglich vor den Toren des Stadtteils lag? Die als Ersatz für den Friedhof an der Schifferstraße geplante Anlage wurde außerdem in mehreren Etappen fertiggestellt: Während die erste Beerdigung bereits am 1. Januar 1868 erfolgte, ließen Verwaltung und Leichenhaus noch sieben Jahre auf sich warten. Die Arbeiten an der im Florentiner Barock errichteten Trauerhalle wurden schließlich in den 90ern beendet. Das eindrucksvolle

*Eingangstor zur letzten Ruhestätte*

Gebäude-Ensemble bildet heute den Eingang zu einem 14 Hektar großen Gelände mit rechtwinklig angelegten Wegen und hohen alten Bäumen. Die friedvolle Atmosphäre lockt auch viele Spaziergänger an, die einfach entspannen möchten. Prominente „Bewohner“ sind unter anderem Oskar Sommer, der Architekt des Städel Museums, und Helmut Walcha – Organist der Dreikönigskirche.

**Ort/Kontakt:** Darmstädter Landstraße 229, Tel.: (069) 21240354

**Öffnungszeiten:** Nov.-Feb. 7.00-17.00 Uhr, März, Okt. 7.00-18.00 Uhr, Apr., Sep. 7.00-20.00 Uhr, Mai-Aug. 7.00-21.00 Uhr, So., Feiertage ab 9.00 Uhr

**Verkehrsanbindung:** Bus 30/36/653/OF-50 Südfriedhof

## *Boehlepark: Hinter verschlossenen Türen*

Hier heißt es leider: Wir müssen draußen bleiben. Denn schon seit 2004 ist der Park, der an den Frankfurter Maler Fritz Boehle erinnert, aus Sicherheitsgründen geschlossen. Die zwei Hektar große Grünanlage an der Darmstädter Landstraße gegenüber der Sachsenhäuser Warte gehört der Hessenwasser GmbH, die dort technische Gebäude und Anlagen zur Trinkwasserversorgung betreibt. Jetzt geht es um die Frage, wer nach einer Öffnung die Kosten für Pflege und Instandhaltung des Parks übernimmt und inwiefern sich die Stadt daran beteiligt. Denn so könnte ein neues Naherholungsgebiet geschaffen werden. Auch die Sicherung der Gebäude muss sichergestellt sein. Langfristiges Ziel ist es, das Kleinod zugänglich zu machen.

*Schmuckstück im Verborgenen*

**Ort/Kontakt:** Darmstädter Landstraße/Ecke Sachsenhäuser Landwehrweg
**Verkehrsanbindung:** Bus 30/36/653/OF-50 Sachsenhäuser Warte

## *Stadtwald & Stadtwaldhaus: Erlebnisse im Grünen*

Erholung direkt vor der Haustür: Das bietet der Frankfurter Stadtwald, der mit einer Fläche von fast 5800 Hektar zu den größten seiner Art in Deutschland gehört. Fast 4000 Hektar davon, die sich von Oberrad über Sachsenhausen und Niederrad bis nach Schwanheim erstrecken, befinden sich innerhalb der Stadtgrenzen und gehören zum Frankfurter GrünGürtel. Durchatmen können die Besucher hier auf einem 450 Kilometer langen Wegenetz – ob nun beim Spazierengehen, Walken, Joggen oder Radfahren. Im Sachsenhäuser Abschnitt gibt es jede Menge zu entdecken: Neben den riesigen Buchen und der unglaublichen Vielfalt an Kräutern im sogenannten Frankfurter Oberwald befindet sich hier der 43 Meter hohe Goetheturm, der eine beeindruckende Aussicht auf die Stadt ermöglicht. Dort gibt es auch einen großen Waldspielpark – ebenso wie an der Louisa und dem Tannenwald.

Wichtigste Anlaufstelle ist aber das Stadtwaldhaus an der Kuhpfadschneise, das mit zwei begrünten Dächern, in dessen Mitte sich eine Eiche mit Aussichtsplattform erhebt, nicht zu verfehlen ist. Hier können sich Besucher ausführlich über den Stadtwald informieren. Und das auf sehr anschauliche Art und Weise. So gibt es eine interaktive Waldausstellung mit vielen Lern- und Schauobjekten. Durch ein Bullauge lässt sich zum Beispiel das Leben unter Wasser beobachten, das sich draußen im Teich abspielt. Doch auch um das Stadtwaldhaus herum wird es nicht langweilig: Auf dem Lehr- und Erlebnispfad müssen unter anderem Bäume ertastet werden. Ein großer Anziehungspunkt ist die Fasanerie mit vielen Tieren wie Wildschweinen, Mufflons, Damwild und Turmfalken.

*Kleine und große Schweinereien*

*Das Stadtwaldhaus ist perfekt integriert*

Der Stadtwald gehört zum Frankfurter GrünGürtel, einem grünen Ring, der sich rund um den Kern von Frankfurt zieht. Er steht allen Bürgern immer und kostenlos zum Durchatmen und Erholen zur Verfügung. Platzprobleme gibt es keine, denn er misst insgesamt 80 Quadratkilometer. Kinder und Jugendliche können hier am Bildungsprogramm „Entdecken, Forschen, Lernen" teilnehmen, auf Erwachsene warten zahlreiche Spaziergänge. Immer wieder taucht in dem Gebiet auch das sogenannte Grüngürteltier auf, eine Mischung aus Wutz, Molch und Star, das der Zeichner Robert Gernhardt entworfen hat.

**Ort/Kontakt:** Kuhpfad-/Isenburger Schneise, Tel.: (069) 68 32 39 und 212-3 45 50, Internet: www.stadtwaldhaus-frankfurt.de

**Öffnungszeiten:** Mo.-Do. 9.00-16.00 Uhr, Sa. 12.00-18.00 Uhr (Nov.-Feb. 12.00-16.00 Uhr), So. 10.00-18.00 Uhr (Nov.-Feb. 10.00-16.00 Uhr)
**Verkehrsanbindung:** Linie 14 Oberschweinstiege

## *Jacobiweiher: Ein Platz für Tiere*

Während eines lauen Sommertags gibt es in Frankfurt kein schöneres Plätzchen als den Jacobiweiher. Die Ufer des größten Gewässers der Stadt sind aber auch im Winter einen Spaziergang wert. Bei hohen Minusgraden wechseln besonders Familien mit Kindern gern von den Wegen auf das Eis. Ist es wieder geschmolzen, tummeln sich Goldfi-

*Hier finden die Großstädter Erholung*

sche unter und Stockenten über Wasser. Graureiher und Kormorane fühlen sich hier ebenfalls zu Hause. Mit etwas Glück lässt sich zwischen alten Ulmen und mächtigen Buchen (den höchsten von Hessen) der eine oder andere Specht entdecken. Am Rande des wegen seiner speziellen Form auch als Vierwaldstättersee bezeichneten Weihers lädt das Gasthaus Oberschweinstiege zum ausgiebigen Schlemmen ein.
**Ort/Kontakt:** Oberschweinstiege
**Verkehrsanbindung:** Linie 14 Oberschweinstiege

## *Kesselbruchweiher: Von der Kiesgrube zum Naturparadies*

Ursprünglich wurde Mitte der 60er-Jahre aus dem Kesselbruch, einer schüsselförmigen Senke, noch Kies abgebaut. Doch als sich genug Wasser angesammelt hatte, schaffte das damalige Forstamt einen rund 2,4 Hektar großen Weiher, der heute ein beliebtes Ausflugsziel ist. Kein Wunder, denn die Förster pflanzten am Ufer Bäume und Sträucher und im Weiher Seerosen, Rohrkolben und andere Wassergewächse an, sodass eine kleine Idylle entstanden ist. Erkunden lässt sich das Ganze auf einem Weg mit vielen Ruhebänken, der rund um den kleinen See führt. Dass sich hier nicht nur die Menschen wohl fühlen, zeigen die vielen Tiere, die sich am Kesselbruch niedergelassen haben. Zahlreiche Vogelarten, die auf den beiden Inseln im Weiher in aller Ruhe brüten können, Frösche und sogar Wasserschildkröten können Besucher beobachten. Spaziergänger müssen von der Darmstädter Landstraße aus Richtung Frankfurt links in die Schillerschneise einbiegen.

*Ein Steg führt zum idyllischen Gewässer*

**Ort/Kontakt:** Miquelsweg/Kesselbruchschneise
**Verkehrsanbindung:** Linie 14, Bus 963 Neu-Isenburg/Stadtgrenze

## *Goethewanderweg: Dem Dichter auf den Fersen*

Das Goethehaus befindet sich im Großen Hirschgraben in der Innenstadt – und das ist auch der Startpunkt des elf Kilometer langen Goethewanderweges. Doch dann geht es schon über die Alte Brücke in den Süden Frankfurts, wo der große Dichter besonders viele Spuren hinterlassen hat. Der Weg führt zunächst am Mainufer zur Gerbermühle in Oberrad, in der Goethe 1815 als Gast des Ehepaares von Willemer seinen 66. Geburtstag feierte und in der sich heute ein Restaurant befindet. Durch Oberrad und über den Sachsenhäuser Landwehrweg verläuft der Pfad zur Goetheruh auf dem Sachsenhäuser Berg, die ein ruhiges Pendant zum benachbarten und stark frequentierten Goetheturm bildet. Der Dichter soll sich an dieser höchsten Stelle des Stadtwaldes gerne bei Spaziergängen und dem herrlichen Ausblick auf Frankfurt erholt haben. Schließlich kommen die Wanderer über den Wendelsweg und die Steinhausenstraße ins Willemer-Häuschen im Hühnerweg, in dem Goethe die Bankiersgattin Marianne von Willemer kennen- und lieben lernte. Von dort aus geht es über den Eisernen Steg wieder zurück in die City. Damit sich keiner verläuft, weisen 50 Hinweisschilder mit dem Konterfei des Dichters den Weg. Zudem gibt es im Goethehaus eine spezielle Karte, auf der die Stationen eingezeichnet sind.

*Wo bitte geht's zum Dichter*

## *Tour auf der Uferpromenade: Hier können Sie Brücken schlagen*

Frankfurt hat 2004 Land gewonnen – und zwar knapp 14.000 Quadratmeter. Denn so groß ist der Tiefkai am Theodor-Stern-Kai vor der Uniklinik, den die Stadt mit

Kies und Aushub aufschütten ließ. Rund 800 Meter ist die Mainpromenade damit länger geworden. Von hier aus startet die Tour in Richtung Osten. Nachdem die Spaziergänger die Friedensbrücke von 1950/1951 hinter sich gelassen haben, eröffnet sich ihnen ein traumhafter Blick auf die Frankfurter Skyline, der auf einem großen Teil der Strecke erhalten bleibt. Darüber sollte man aber nicht den Holbeinsteg übersehen, der als Nächstes passiert wird. 1990 eröffnet, ist die von Städteplaner Albert Speer entwickelte Hängebrücke für Fußgänger auch Bestandteil des Museumsufers.

*Das Sachsenhäuser Ufer ist ein beliebtes Ausflugsziel*

Kurz darauf folgen die Untermainbrücke, die 1989 und 1990 für eine Totalsanierung bis auf die Brückenpfeiler abgetragen und neu gebaut wurde, und der Eiserne Steg von 1869. Dahinter liegt die MS Wodan, ein Restaurant-Schiff, das im Winter 2009 fast völlig ausbrannte und seit Sommer 2010 wieder Gäste bewirtet. Überhaupt gibt es an der Promenade viele Cafés und Lokale zum Verweilen – zu Wasser und zu Land. So auch das sogenannte Döner-

Schiff von Ramiz Meral, der eine abgetakelte Barkasse nach Istanbuler Vorbild zu einem schwimmenden Imbiss-Stand gemacht hat und in der Sommersaison hier Anker wirft. Der Weg führt weiter zur Alten Brücke, die 1222 erstmals urkundlich erwähnt wurde und damit die älteste Brücke der Stadt ist.

Dort befindet sich auch die Maininsel, auf der der neue Portikus steht, eine Ausstellungshalle für zeitgenössische Kunst. Zudem hat hier der Frankfurter Ruderverein 1865 sein Domizil. Es folgen die Ignatz-Bubis-Brücke, die bis Dezember 2000 noch Obermainbrücke hieß und dann nach dem 1999 verstorbenen Vorsitzenden des Zentralrats der Juden benannt wurde, und die Flößerbrücke (1984-1986). Schließlich führt die Tour am Deutschherrnviertel vorbei, das seit Ende der 90er-Jahre auf dem ehemaligen Schlachthofgelände zum Wohnen und Arbeiten entstanden ist. Mit der Deutschherrnbrücke (1911-1913), einer zweigleisigen Eisenbahnbrücke mit Stahlbögen, endet die gemütliche Tour auf der Sachsenhäuser Promenade.

*Kleine Halle für moderne Kunst*

# Einkaufen & Einkehren

Shoppen und Schlemmen macht Spaß – in traditionellen Geschäften und Restaurants ebenso wie bei den jungen Wilden. Sachsenhausen hat beides zu bieten. Und ewig fließt der Ebbelwei.

## Schweizer Straße: Flanier- und Ausgehmeile

Gut einen Kilometer ist sie lang – die Schweizer Straße. Genug Platz, um zwischen vielen Bäumen einen gelungenen Branchenmix zu bieten. Hier wechseln sich die Filialen großer Ketten mit alteingesessenen Geschäften ab. Dazwischen haben sich Individualisten mit ihrem Konzept behaupten können. Neben Mode, Schuhen, Büchern, Schmuck, Drogerieartikeln, Kunsthandwerk und Brillen ist auch für Kulinarisches bestens gesorgt. Auf dem

*Traditionelle und moderne Geschäfte Tür an Tür*

Schweizer Platz haben diverse Obststände ihre Zelte aufgeschlagen, Feinkostgeschäfte und Confiserien locken verführerisch mit Spezialitäten. Doch nicht nur tagsüber zum Einkaufen ist auf der Flaniermeile etwas los. Abends kommen die Nachtschwärmer, um sich in einem der zahlreichen Restaurants zu stärken. Auch hier ist Abwechslung angesagt: Traditionelle Ebbelwei-Gaststätten gibt es genauso wie hippe Lokale. Übrigens lohnt es sich, einen Blick in die Seitenstraßen zu werfen: Denn inzwischen haben sich auch dort viele Geschäfte und Lokale angesiedelt, vor allem in der Oppenheimer Landstraße.

**Verkehrsanbindung:** U 1-3/8 Schweizer Platz, Linien 15/16/19 Schweizer-/Gartenstraße

## *Home & Office: Klein, aber oho*

*Schöner Wohnen mit internationalem Flair*

Klasse statt Masse: So lautet das Motto und Erfolgsrezept von Petra Schrimpf. Die internationalen Wohnaccessoires, die die leidenschaftliche Sachsenhäuserin im kleinsten Möbelhaus der Stadt seit nunmehr zehn Jahren zu erschwinglichen Preisen präsentiert, stammen von englischen und französischen sowie von schwedischen und niederländischen Herstellern. Unter ihrem mit viel Sachverstand und Gefühl für Harmonie ausgewählten Sortiment befinden sich auch mehrere Antiquitäten, die sie gründlich aufarbeiten lässt und mit individuellem Anstrich versieht. Die erfahrene und kreative Interior-Stylistin, die inzwischen eine eigene Linie eleganter Wohnaccessoires verkauft, entwirft außerdem komplette Konzepte für Home und Office – vom Flaschenöffner bis zur Schrankwand.

**Ort/Kontakt:** Schneckenhofstraße 7, Tel.: (069) 66 12 56 56, Internet: www.ps-homeoffice.de

**Öffnungszeiten:** Di.-Fr. 11.00-18.30 Uhr, Sa. 11.00-15.00 Uhr, Mo. nach Vereinbarung

**Verkehrsanbindung:** U 1-3/8 Schweizer Platz, Linien 15/16/19 Schwanthalerstraße

## *Konditorei & Confiserie Georg Jamin: Anlaufstelle für Schokoholiker*

Der süßen Versuchung erliegen die Kunden von Jamin bereits seit mehr als 100 Jahren. Die in der eigenen Backstube und in echter Handarbeit hergestellten Kuchen und

*Catherine und Nicole Jamin lieben's süß*

Torten schmecken aber auch wirklich gut. Richtige Klassiker und nur hier erhältlich sind beispielsweise die mit Marzipan umhüllten Frösche, die Generationen von Sachsenhäusern zum Kaffee verspeisen. Das große Sortiment an Schokoladen und Pralinen – etwa in Form des Römers – ist dem dritten Georg Jamin zu verdanken. Seine Vorliebe für den zarten Schmelz hat der Enkel des Firmengründers während einiger Aufenthalte in der Schweiz entdeckt. Der gegenwärtige Inhaber und seine Frau Monika haben inzwischen tatkräftige Unterstützung bekommen: Mit den Schwestern Catherine und Nicole ist jetzt die vierte Generation am Start.

**Ort/Kontakt:** Schweizer Straße 54A, Tel.: (069) 61 56 19, Internet: www.jamin-frankfurt.de

**Öffnungszeiten:** Mo.-Fr. 10.00-18.00 Uhr, Sa. 9.30-15.00 Uhr

**Verkehrsanbindung:** U 1-3/8 Schweizer Platz, Linien 15/16/19 Schweizer-/Gartenstraße

## *Meyer Metzgerei & Feinkost: Tradition und Innovation*

Es gibt sie noch, die inhabergeführten Fachgeschäfte. Eines der bekanntesten von Frankfurt – Meyer Metzgerei & Feinkost – liegt auf der beliebtesten Einkaufsstraße Sachsenhausens. Herr über das 1949 eröffnete Stammhaus und das kulinarische Imperium, das sich längst daraus entwickelt hat, ist Gregor Meyer, Enkel des Firmengründers Gottlieb Meyer. Neben dem 2009 renovierten Laden auf der Schweizer Straße samt neuer Fischtheke und offener Show-Bakery fallen mehrere Filialen, zwei Restaurants, das Kochwerk mit Konferenzraum, Gourmet-Küche und

*Ganz in seinem Element: Gregor Meyer*

Weinatelier sowie der Catering- und Event-Service in den Verantwortungsbereich des 39-Jährigen. Auf den Lieferwagen und der Arbeitskleidung des Familienunternehmens prangt übrigens das Motto „Vorsicht, frisch!" – eine Drohung oder besser ein Versprechen, das durchaus ernst zu nehmen ist!

**Ort/Kontakt:** Schweizer Straße 42, Tel.: (069) 61 50 10, Internet: www.meyer-frankfurt.de

**Öffnungszeiten:** Mo.-Fr. 8.00-19.00 Uhr, Sa. 8.00- 16.00 Uhr

**Verkehrsanbindung:** U 1-3/8 Schweizer Platz, Linien 15/16/19 Schweizer-/Gartenstraße

## *Senfgalerie: Eine scharfe Sache*

Ingrid Sels gibt überall ihren Senf dazu – und das ist gut so, denn in ihrem Geschäft auf der Schweizer Straße stehen rund 200 Sorten des gelben Gewürzes in den Regalen. Zum Beispiel mit Früchten wie Ananas, Mango und Himbeere oder mit Walnüssen, Lakritz und Schokolade. Den Kombinationen sind keine Grenzen gesetzt. Bei Senf mit Grüner Soße, Ebbelwei oder Sachsenhäuser Bier hat Ingrid Sels es auch geschafft, eingefleischte Frankfurter auf den Geschmack zu bringen. Die Düsseldorferin, die seit 1987 im Rhein-Main-Gebiet zu Hause ist und inzwischen in Sachsenhausen wohnt, bringt die Idee aus ihrer Heimatstadt mit, wo Senf eine viel größere Bedeutung hat als hier. Doch inzwischen hat sich herumgesprochen, wie lecker und gesund das Gewürz ist. So hat die Stadt die Senfgalerie 2009 auch bei der Vergabe des Existenzgründerpreises mit dem dritten Platz bedacht.

*Ingrid Sels trifft jeden Geschmack*

**Ort/Kontakt:** Schweizer Straße 18, Tel.: (069) 36 60 44 35, Internet: www.frankfurter-senfgalerie.de

**Öffnungszeiten:** Di.-Fr. 10.00-18.30 Uhr, Sa. 10.00-16.00 Uhr

**Verkehrsanbindung:** U 1-3/8 Schweizer Platz, Linien 15/16/19 Schweizer-/Gartenstraße

## *Flohmarkt: Paradies für Schnäppchenjäger*

Auf einem der größten und traditionsreichsten Flohmärkte Deutschlands tummeln sich immer wieder samstags Tausende Besucher an Hunderten von Ständen. Vor der atemberaubenden Kulisse der Frankfurter Skyline finden von 9 bis 14 Uhr Kitsch und Kunst reißenden Absatz. Zwischen Eisernem Steg und Holbeinsteg bieten Profihändler und Privatpersonen ein buntes Sammelsurium, das auch so manchen Schatz enthält. Um Antiquitäten von Trödel zu unterscheiden, bedarf es allerdings eines echten Kennerblicks. Seit 2008 wechselt der Flohmarkt übrigens jede zweite Woche auf die andere Seite des Mains. Schnäppchenjäger kaufen dann entlang der Lindleystraße, was ihr Herz begehrt oder der Geldbeutel hergibt. Da die

*Von Kitsch bis Kunst ist hier alles zu haben*

Ordnungshüter hibbdebach wie dribbdebach gern und viel abschleppen lassen, sollten Besucher unbedingt öffentliche Verkehrsmittel benutzen.
**Ort/Kontakt:** Schaumainkai/Lindleystraße, Tel.: (069) 21 24 85 62 (Flohmarktbüro), Internet: www.hfm-frankfurt.de
**Öffnungszeiten:** Sa. 9.00-4.00 Uhr
**Verkehrsanbindung:** U 1-3/8 Schweizer Platz, Linien 15/16/19 Schweizer-/Gartenstraße, Linien 11/12 Osthafenplatz

## *Brücken- und Wallstraße: Raum für junge Talente*

Wer keine Lust auf große Ladenketten und Mainstream hat, ist hier bestens aufgehoben. Denn in den beiden Straßen reihen sich viele kleine Geschäfte aneinander, die von jungen Designern betrieben werden. Mode und Möbel, Schmuck und Souvenirs: Vor allem individuell muss es sein. Jutta Heeg zaubert bei „Ich war ein Dirndl" aus alten Kleidungsstücken neue ausgefallene Outfits, die sie gerne mit Frankfurter Motiven wie dem Henninger Turm bestickt. Susanne Stahl bietet in ihrem Laden „designe, kleine" innovativen Künstlern die Gelegenheit, eine der 50 Boxen zu mieten, um ihre Kreationen zu verkaufen – wie etwa die Computertasten als Ohrringe. In der ehemaligen Apotheke werden inzwischen unter dem Namen „Colekt" Kunstgegenstände verkauft, originell drapiert auf dem früheren Mobiliar des Geschäfts. Zwischen den Läden locken Cafés und Restaurants zum Verweilen. Keine Frage, das ehemals unscheinbare Wohngebiet hat sich zu einem trendigen Viertel zum Shoppen gemausert.

*Kleine Geschäfte laden zum Bummeln ein*

**Verkehrsanbindung:** Bus 30/36 Affentorplatz oder Elisabethenstraße

## *Wendeltreppe: Ohne Krimi geht die Mimi nie ins Bett*

Eine echte Ausnahmeerscheinung nicht nur unter den Sachsenhäuser, sondern auch den Frankfurter Buchhandlungen ist das 1989 eröffnete Geschäft von Jutta Wilkesmann und Hildegard Ganßmüller. Im gemütlichen Laden der leidenschaftlichen Krimileserinnen geben sich Detektive und Kommissare aus vieler Herren Länder ein spannendes Stelldichein. Etwa 5000 neue und 6000 antiquarische Bücher füllen – übersichtlich sortiert – zahllose Regale. Komplette Werk- und signierte Erstausgaben reihen sich hier ebenfalls aneinander. Jeden ersten Samstag im Monat bieten die engagierten Buchhändlerinnen entspanntes Stöbern und Schmökern bis 24 Uhr. Ein

Geheimtipp der beiden ist die Krimiautorin Louise Penny, die den kanadischen Inspector Armand Gamache ohne laute und schrille Effekte auf Verbrecherjagd schickt.

**Ort/Kontakt:** Brückenstraße 34, Tel.: (069) 61 13 41, Internet: www.die-wendeltreppe.de

**Öffnungszeiten:** Mo.-Fr. 10.00-13.00 & 14.00-19.00 Uhr, Sa. 10.00-14.00 Uhr

**Verkehrsanbindung:** Bus 30/36 Elisabethenstraße

## *Conmoto: In Bewegung*

Beim Schuhekaufen gleich noch einen Cappuccino oder sogar einen Cocktail trinken? Das ist im Conmoto kein Problem, denn David Eisenberger und Lars Schreckenberger orientieren sich in ihrem Geschäft am „Shop-in-Shop"-Konzept: Zum einen betreiben sie ein Café und

*Nach dem Kaffee an der Bar geht's zum Schuhkauf*

eine Bar, zum anderen verkaufen sie Schuhe. Und die bringen sie zum Probieren an den Tisch, während sich die Kunden ein oder zwei Getränke gönnen. Dabei konzentrieren sie sich auf ausgefallene Sneakers etwa von Puma oder New Balance, die nicht überall zu haben sind. Ergänzt wird das Ganze mit Accessoires und Taschen. Das Konzept geht auf, denn schon seit 2006 läuft der Laden der beiden jungen Sachsenhäuser bestens. Doch sie lassen sich auch immer wieder etwas Neues einfallen. Nicht umsonst heißt ihr Geschäft Conmoto. Das ist Japanisch und bedeutet „In Bewegung" – und das bezieht sich nicht nur auf die Schuhe.

**Ort/Kontakt:** Wallstraße 22, Tel.: (069) 66 96 20 10, Internet: www.conmo.to

**Öffnungszeiten:** Mo.-Do. 14.00-24.00 Uhr, Fr. 14.00-2.00 Uhr, Sa. 12.00-2.00 Uhr

**Verkehrsanbindung:** Bus 30/36 Affentorplatz oder Elisabethenstraße

## *Bäckerei Hanss: Echte Handwerkskunst*

In Zeiten, in denen eigene Backstuben immer seltener werden, gewinnt ein Familienbetrieb wie die Bäckerei Hanss noch mehr an Bedeutung. Bei Martin Kramer, der 2002 das Geschäft mit Ehefrau Violetta von seinen Eltern übernommen hat und nun in dritter Generation führt, ist noch alles frisch gemacht. Da wird nichts einfach aufgebacken. Eine Frage, die sich seine Großeltern Julius und Erna Hanss nicht stellen mussten, als sie im November 1935 die Bäckerei eröffneten. 2010 feierte die Familie natürlich Jubiläum. Abgesehen von Qualität und Geschmack liegt für die Kramers ein weiterer Vorteil klar auf der Hand: Im

*Backe, backe Kuchen, Martin Kramer hat gerufen*

Vergleich zu den großen Ketten können sie auf individuelle Wünsche ihrer Kunden eingehen – und bieten zudem so manche Besonderheit wie Blüten- oder Karottenbrot. Von süßen Leckereien wie Friesischer Apfeltorte oder Birnenmandelkuchen mal ganz abgesehen. Da ist das Kalorienzählen schnell vergessen.

**Ort/Kontakt:** Brückenstraße 56, Tel.: (069) 61 21 15, Internet: www.baeckerei-hanss.de

**Öffnungszeiten:** Mo.-Fr. 6.30-18.00 Uhr, Sa. 6.30-13.00 Uhr

**Verkehrsanbindung:** Bus 30/36 Affentorplatz oder Elisabethenstraße

## *Töpferei Maurer: Die Mutter der Bembel*

Bembel sind so etwas wie ein Wahrzeichen der Stadt. Besonders in Sachsenhausen, wo der Ebbelwei in Strömen fließt, sind sie nicht mehr wegzudenken. Kein Problem,

*Monika Maurer hat ein Herz für Bembel*

denn Töpferin Monika Maurer sorgt für Nachschub. In ihrem Geschäft ist auch eine Werkstatt untergebracht, in der sie das grau-blaue Steingut anfertigt und bemalt – ob nun Becher, Dippe oder Krug. Selbst vor Sonderanfertigungen für Geburtstage, Hochzeiten oder andere Festivitäten macht sie nicht halt. Schließlich steht sie schon seit 1973, als sie mit ihrem Mann den Laden eröffnete, an der Drehscheibe. Dass Monika Maurer dabei singt, muss nicht überraschen, denn ursprünglich hat sie Musik studiert und am Dr. Hoch'schen Konservatorium klassische Gitarre unterrichtet. Doch längst hat sie sich ganz ihrer Töpferei verschrieben, zumal ihr Mann vor einigen Jahren verstorben ist und sie den Laden alleine schmeißen muss. Doch das tut sie mit Bravour – und einem Lied auf den Lippen.

**Ort/Kontakt:** Wallstraße 5, Tel.: (069) 61 63 40, Internet: www.bembel-maurer.de

**Öffnungszeiten:** Mo.-Fr. 9.00-18.00 Uhr, Sa. 9.00-13.00 Uhr

**Verkehrsanbindung:** Bus 30/36 Affentorplatz

## *Wochenmarkt Sachsenhausen: Frisch gekauft ist gut gegessen*

Der kleine, feine Wochenmarkt hat im Herzen von Sachsenhausen seinen angestammten Platz – und das schon seit Mitte der 80er-Jahre. Jeden Dienstag und Freitag versorgen 25 Stände sowohl Einheimische als auch Pendler mit frischen Produkten. Qualitätsbewusste Kunden füllen ihre Körbe und Taschen mit knackigem Obst und Gemüse, herzhaftem Käse und deftiger Wurst, knusprigem Brot und Eiern von garantiert glücklichen Hühnern. Für Blumenkinder: ein Meer aus duftenden Blüten in allen Farben und Formen. Für Naschkatzen: Imkerhonig in verschiedenen Geschmacksrichtungen. Saisonale Angebote, darunter ein Stand mit Champignons, Pfifferlingen und Steinpilzen, ergänzen das ständige Sortiment. Die freundlichen „Olivenmänner“ mit ihren würzigen Waren und dem wahrscheinlich leckersten Pesto weit und breit sind das ganze Jahr vor Ort.

**Ort/Kontakt:** Diesterwegplatz (Südbahnhof), Internet: www.frankfurter-markthaendler.de

*Für Fleischfresser und Grünfutter-Fans*

**Öffnungszeiten:** Di.,Fr. 8.00-18.00 Uhr (an gesetzlichen Feiertagen einen Tag vorher)
**Verkehrsanbindung:** S 3-6, U 1-3/8, Linien 14-16/19, Bus 45/47/48/61/78/80/653 Südbahnhof

## *Traditionelle Lokale: Aus dem Bembel ins Gerippte*

Ebbelwei gehört nach Sachsenhausen wie Frau Rauscher in die Klappergass'. Kein Wunder also, dass das Stöffche, wie er auch genannt wird, in jeder Traditionsgaststätte auf den Tisch kommt. Oft im Bembel, einer dickbäuchigen grauen Steingutkanne mit blauem Muster. Getrunken wird er aus Gläsern, den sogenannten Gerippten, die traditionell 0,3 Liter fassen. Ebbelwei lässt sich spritzen: entweder „sauer" mit Wasser oder – was beim echten Stöffchen-Trinker aber verpönt ist – „süß" mit Limonade. Dazu gibt es Frankfurter Spezialitäten wie Grüne Soße, Handkäs' mit Musik oder Rippchen samt Sauerkraut. Das Ganze wird in gemütlichen Lokalen oder Sommergärten serviert. Dort rücken die Gäste gerne auf den langen Bänken eng zusammen und kommen schnell ins Gespräch.

Solche Lokale gibt es natürlich besonders oft in Alt-Sachsenhausen wie zum Beispiel das Lorsbacher Thal, Große Rittergasse 49, das sich seit 1803 in Familienbesitz befindet. Elke und Thorsten Dorn führen die Wirtschaft bereits in sechster Generation – und das mit viel Hingabe, wie die zahlreichen Stammgäste beweisen. Der Erfolg liegt natürlich auch am selbst gekelterten Ebbelwei. Der schmeckt in der urigen Gaststätte genauso gut wie im großen Innenhof unter den Bäumen. Hochbetrieb herrscht ebenso im Lokal Zum Eichkatzerl, Dreieichstraße 29. Nicht nur das Stöffche und

*Elke und Thorsten Dorn schenken aus*

die gutbürgerliche Küche locken Jung und Alt, sondern auch das spezielle Ambiente: Denn hier schmücken große Bilder von Hans Schneider die holzgetäfelten Wände. Der Name der Wirtschaft rührt von den Bäumen im Sommergarten her, in dem so manches Eichhörnchen lebt. Dass Ebbelwei auch bei jungen Leuten hipp ist, zeigt sich unter anderem am Fichtekränzi, das sich in der Wallstaße 5 befindet – und damit im individuellsten Viertel Sachsenhausens. Das Logo kommt nicht von ungefähr, denn der aus Fichtenzweigen geflochtene Kranz macht schon seit Hunderten von Jahren in Frankfurt klar: Hier gibt's Stöffche zur Hausmannskost – wer will da noch Caipirinha?! Doch nicht nur im alten Teil Sachsen-

*Sachsenhäuser Gemütlichkeit im Fichtekränzi*

hausens lassen sich Einheimische wie Touristen gerne nieder, um Frankfurter Spezialitäten zu genießen. Bestes Beispiel sind der Apfelwein-Wagner, Schweizer Straße 71, oder das Gemalte Haus daneben. Bei hoher Geräuschkulisse und ausgelassener Stimmung schmeckt das Stöffche zur Schweinshaxe oder den Leberknödeln bestens.

## *Äpplergalerie: Eine runde Sache*

Nicht nur der Ebbelwei, sondern auch der Apfel, aus dem er gemacht wird, spielt eine große Rolle in Alt-Sachsenhausen. Das weiß Christel Hofmann, die in ihrem Lokal neben Frankfurter Spezialitäten viele Leckereien rund um das knackige Früchtchen serviert. Auf der Wochenkarte locken zum Beispiel Lachs in Apfelkruste, Handkäs-Salat mit Apfelscheiben oder ein Rote-Beete-Apfelsüppchen. Passend dazu verkauft sie Dekoration und Steingut wie Apfel-Girlanden, -kerzen oder -teller. Mit ihrem Geschäft

*Hier kommen die Früchtchen frisch auf den Tisch*

möchte sie der Sachsenhäuser Tradition frönen. Schließlich befindet sich das Haus Nummer 9 in der populären Klappergasse – und zudem seit 1921 in Familienbesitz. Das verpflichtet. So wollte Christel Hofmann 2003, als der damalige Pächter seine Disco wegen Lärmbelästigung schließen musste, etwas Neues schaffen, um ein anderes Klientel ins historische Viertel zu bekommen.

**Ort/Kontakt:** Klappergasse 9, Tel.: (069) 61 99 53 93, Internet: www.aepplergalerie.com

**Öffnungszeiten:** Di.-Sa. ab 18.00 Uhr

**Verkehrsanbindung:** Linie 14 Frankensteiner Platz, Bus 30/36 Affentorplatz

## *Manitou: Essen wie Pocahontas*

Liebhaber exotischer Gerichte kommen in Sachsenhausen voll und ganz auf ihre Kosten. Neben italienischen und französischen sowie türkischen und griechischen Restaurants befindet sich in Frankfurts größtem Stadtteil seit mehreren Jahren ein indianisches Lokal. Das Manitou am Main serviert Bison und Fasan, Krokodil und Schlange. Als passende und vitaminreiche Beilage gibt es unter anderem Wildreis und Salat. Zum Dessert können sich die Gäste indianische Süßspeisen schmecken lassen – oder die Friedenspfeife rauchen. Das gemütliche Ambiente mit authentischen Accessoires wie Tomahawks und Tierfellen, dazu Sitzgelegenheiten in Tipi und Kanu, aber auch „normalen" Holztischen und -stühlen ist originell und verrät viel Liebe zum Detail.

**Ort/Kontakt:** Seehofstraße 6, Tel.: (069) 66 12 77 38

**Öffnungszeiten:** Mi.-So. 18.00-24.00 Uhr

**Verkehrsanbindung:** Linie 14 Frankensteiner Platz

# Feste & Fitness & Freizeit

Sachsenhausen hält und macht fit. Dafür sorgen Sportanlagen und Schwimmbäder. Für Familien mit Kindern gibt es Spielplatze direkt am Wald, die mit Wasseranlagen und Klettergerüsten Abwechslung garantieren. Spaß machen außerdem die vielen Feste.

## Brückenwall: Wo Individualisten Party machen

Feiern jenseits des Mainstreams – das haben sich die Macher der Brückenwall auf die Fahnen geschrieben. Und das gelingt bestens, denn viele Geschäfte auf der Brücken- und der Wallstraße, oft von jungen Designern oder Individualisten betrieben, bestechen ohnehin durch Originalität. Die spiegelt sich auch beim jährlichen Sommerfest unter freiem Himmel wider. Die klassischen Caipirinha-Bars mit karibischer Musik und Bierständen der großen Brauereien sind dort nicht zu finden. Stattdessen dominieren individuelle Leckereien und Live-Musik. Natürlich können Besucher auch selbst kreativ werden. Die Stände reihen sich nicht dicht aneinander, damit zwischendurch auch mal am Straßenrand Platz ist, um zu verschnaufen und zu plaudern. Da sich das Ganze als Familienfest versteht, ist mit zahlreichen Aktionen auf dem nahe gelegenen Brückenspielplatz auch für den Nachwuchs gesorgt.
**Ort/Kontakt:** Brücken- und Wallstraße, Veranstaltungszeitraum: Spätsommer
**Verkehrsanbindung:** Bus 30/36 Affentorpatz oder Elisabethenstraße

*Feiern unter Freunden*

## *Brunnenfest: Königliches Spektakel*

Eine lange Tradition hat das Brunnenfest: Denn das fröhliche Spektakel in Alt-Sachsenhausen wurde erstmals 1490 urkundlich erwähnt und gehört damit zu den ältesten Festen in Frankfurt überhaupt. Seit ihrer Gründung 1953 richtet es die Brunnen- und Kerbegesellschaft aus. Vier Tage lang geht es dazu immer am dritten August-Wochenende auf dem Paradiesplatz rund – mit Live-Musik, Aufführungen und zahlreichen Ständen. Schließlich soll das fröhliche Spektakel an die in der Stadt vorhandenen Trinkwasserbrunnen erinnern, die einst für die Versorgung der Bürger lebensnotwendig waren. Strahlender Mittelpunkt ist natürlich die Brunnenkönigin, die jedes Jahr neu gewählt wird. Sie leitet auch gemeinsam mit dem Brunnenschultheiß und ihrem Hofstaat in historischen Kostü-

*Ja, ist denn schon Fastnacht*

men die Brunnenbegehung, die samstagabends auf dem Programm steht und die Besucher unterhaltsam über die Historie der jeweiligen Wasserspender informiert. Sonntagnachmittags begeben sich dann die Kinder mit Ihrer Majestät auf Tour und hören viele spannende Geschichten und Märchen rund um die Brunnen.

**Ort/Kontakt:** Tel.: (069) 65 65 03, Veranstaltungszeitraum: 3. Aug.-Wochenende, Internet: www.kerbegesellschaft.de
**Verkehrsanbindung:** Bus 30/36 Affentorplatz

## *Goetheturmfest: Hier bin ich Mensch, hier kann ich feiern*

Ursprünglich war es ein verspäteter runder Geburtstag: Denn 1982 wurde der Goetheturm 51 Jahre alt – und präsentierte sich frisch saniert. Gründe genug für den Vereins-

ring Sachsenhausen, gemeinsam mit der Binding-Brauerei eine Feier zu organisieren. Doch nach dem großen Erfolg blieb es nicht dabei, seitdem lädt der Vereinsring für jeden ersten Samstag nach dem 1. Mai zum fröhlichen Spektakel am Fuße des 43 Meter hohen Holzturmes ein. Vereine bieten an Ständen diverse Leckereien an und informieren über ihre Angebote, auf Kinder warten lustige Aktionen wie Ponyreiten. Tradition ist, dass jedes Jahr ein Festkrug mit einem anderen Sachsenhäuser Motiv auf den Markt kommt. Die Alte Brücke, der Lokalbahnhof und das Deutschordenshaus waren darauf unter anderem schon zu sehen. Mancher hat inzwischen sogar eine ganze Sammlung von Krügen, die seit dem ersten Fest verkauft werden.
**Ort/Kontakt:** Ende des Wendelswegs, Veranstaltungszeitraum: 1. Sa. nach dem 1. Mai
**Verkehrsanbindung:** Bus 30/36/653/OF-50 Sachsenhäuser Warte

*Fröhliches Spektakel im Schatten des Turms*

## *Museumsuferfest: Die längste Party der Stadt*

Das Highlight des Frankfurter Event-Kalenders zählt zu den größten Kulturfesten in ganz Europa. Auf rund acht Kilometern rechts und links des Mains begeistern Museen, Künstler und Musiker mit einem vielfältigen Programm bis spät in die Nacht. Natürlich können sich auch die

*Endlos feiern mit kulturellem Touch*

anderen Veranstaltungen mehr als sehen lassen: von spannenden Drachenbootrennen auf dem Fluss über Kunstführungen durch die Privatsammlungen der Banken bis hin zum großen Abschlussfeuerwerk mit symphonischer Untermalung. Wenn der kleine oder große Hunger kommt, steht ein umfangreiches Angebot an Spezialitäten aus aller Herren Länder bereit. Sparfüchse sollten übrigens zum Museumsbutton greifen, der für kleines Geld den Eintritt in sämtliche Museen der Stadt ermöglicht.

**Ort/Kontakt:** Beide Mainuferseiten und Innenstadt, Veranstaltungszeitraum: letztes Aug.-Wochenende, Internet: www.museumsuferfest-frankfurt.de

**Öffnungszeiten:** Fr. 15.00-1.00 Uhr, Sa. 11.00-1.00 Uhr, So. 11.00-24.00 Uhr
**Verkehrsanbindung:** U 1-3/8 Schweizer Platz, Linien 15/16/19 Schweizer- /Gartenstraße

## *Nacht der Museen Frankfurt & Offenbach: Kulturelle Entdeckungsreise*

Der Höhepunkt im Kulturgeschehen ist die Nacht der Museen schon seit mehr als zehn Jahren. Zum Erfolgsrezept der Veranstalter gehört aber nicht nur die Spätschicht in Städel, Liebieghaus und Co. Auch das Hunderte Events umfassende Begleitprogramm aus Workshops, Lesungen, Konzerten, Performances, Film- und Theatervorführungen sowie eine Vielzahl von Partys locken Zehntausende Besucher an. Die einzelnen Stationen der kulturellen Entdeckungsreise, deren Mittelpunkt das Museumsufer ist, lassen sich entweder per pedes oder im Oldtimer-Bus erreichen. Kostenlose Fahrten sind außerdem in zahlrei-

*Kult(o)ur bei Mondschein*

chen Velo-Taxis sowie auf einem Shuttle-Schiff möglich, das seine Gäste von Hibbdebach nach Dribbdebach befördert. Karten für das Kulturspektakel gibt es in den teilnehmenden Museen, den Informationsbüros der Tourismus + Congress GmbH und bei allen bekannten Vorverkaufsstellen.

**Ort/Kontakt:** Museen in Frankfurt und Offenbach, Veranstaltungszeitraum: Ende Apr., Anfang Mai, Internet: www.nacht-der-museen.de

**Öffnungszeiten:** 19.00-2.00 Uhr

## *Schweizer Straßenfest: Internationale Vielfalt auf regionalem Pflaster*

Auf große Reise gehen, ohne dafür die Koffer zu packen: Das ist im Sommer beim Schweizer Straßenfest möglich.

*Sehen und gesehen werden*

Denn seit 1984, als es zur Eröffnung der neuen U-Bahn-Linie erstmals gefeiert wurde, ist jedes Jahr ein anderes Land oder ein anderer Kontinent zu Gast auf der Flaniermeile. Ob nun Italien oder Litauen, Venezuela oder die USA: Die Besucher konnten sich schon über die verschiedensten Regionen dieser Welt beim Feiern informieren, die Kulturen bei Vorführungen kennenlernen und natürlich die jeweiligen Spezialitäten genießen. Die Aktionsgemeinschaft Schweizer Straße, in der sich viele Geschäfte der Einkaufsmeile zusammengeschlossen haben, sorgt mit ihrer Vorsitzenden Edda Reyl für zusätzliches Programm. Mehrere Bühnen, Live-Musik, eine Open-Air-Modenschau, zahlreiche Aktionen für Kinder, Ausstellungen, Stände mit Leckereien und ein Autokorso locken jedes Jahr Tausende von Besuchern an.

**Ort/Kontakt:** Schweizer Straße, Veranstaltungszeitraum: Juni, Juli, Tel.: (0 61 51) 7 66 31, Internet: www.die-schweizerstrasse.de

**Verkehrsanbindung:** U 1-3/8 Schweizer Platz

## *Wäldchestag: Turbulente Landpartie*

Die Sachsenhäuser sind ein geselliges Völkchen. Da spielt es auch keine Rolle, dass der Wäldchestag bei den Niederräder Nachbarn gefeiert wird – denn die Grenzen im Forst sind fließend. Zwischen Büschen und Bäumen schlagen Schausteller ihre Zelte auf. Schießstände, Karussells, Imbissbuden und Biergärten garantieren über Pfingsten vier Tage lang ein feucht-fröhliches Vergnügen. Höhepunkt des traditionellen Spaßes ist der Dienstag nach dem Kirchenfest, der als Wäldchestag bezeichnet wird.

*Beim Wäldchestag geht's rund*

**Ort/Kontakt:** Oberforsthaus, Veranstaltungszeitraum: Pfingsten
**Öffnungszeiten:** täglich 12.00-1.00 Uhr
**Ort/Verkehrsanbindung:** Linien 20/21, Bus 61/61V Oberforsthaus

## *Tuesday Night Skating: Rollend durch die Nacht*

So mancher mag sich wundern, wenn ihm an einem Dienstagabend plötzlich bis zu 1000 Skater entgegenkommen. Doch mittlerweile gibt es das Tuesday Night Skating offiziell als Veranstaltung des Sportamtes bereits seit 1999. Angefangen hatte alles mit einer privaten Initiative von Dirk May, der aber immer mehr Freunde und Interessierte um sich scharte. Von Ende März bis in den Oktober hinein treffen sich die Teilnehmer in Sachsenhausen am Deutschherrnufer zwischen Alter und Ignatz-Bubis-Brü-

*Die Sportler geben ordentlich Gas*

cke. Abfahrt zu den wechselnden Touren ist immer um 20.30 Uhr. Die Strecken sind zwischen 35 und 42 Kilometer lang, gegen 23 Uhr kehren die Skater an den Startplatz zurück.

**Ort/Kontakt:** Deutschherrnufer, Internet: www.t-n-s.de
**Ort/Verkehrsanbindung:** Linie 14 Frankensteiner Platz, Bus 30/36 Affentorplatz

## Textorbad: Nicht nur für Wasserratten

Unter Wasser mit dem Fahrrad fahren – das macht Spaß. Im November 2009 wiedereröffnet, bietet das Hallenbad im neuen Schwanthaler Carrée Aqua Cycling an. Bei Musik sollen die Teilnehmer, während sie in die Pedalen treten, Gleichgewicht und Koordination schulen und ihre Beweglichkeit verbessern. Aber natürlich können Besucher in dem 25 Meter langen Mehrzweckbecken auch ihre Bahnen schwimmen oder einfach planschen

*Schwimmen und Planschen im großen Becken*

und entspannen. Das alles bei einer Wassertiefe von 1,35 Metern. Zudem gibt es einen 180 Quadratmeter großen Gymnastiksaal, in dem von Autogenem Training über Yoga und Qi Gong bis hin zu Streetdance viel geboten wird. So kommen hier nicht nur Badefreunde auf ihre Kosten. Zumal auch ein geräumiges Café mit Leckereien in das Carrée lockt.

**Ort/Kontakt:** Textorstraße 42, Tel.: (069) 27 10 89–15 00, Internet: www.bbf-frankfurt.de

**Öffnungszeiten:** Mo. 6.30-12.00 Uhr, Di.-Do. 6.30-20.00 Uhr, Fr. 6.30-22.00 Uhr, Sa., So. 8.00-20.00 Uhr

**Verkehrsanbindung:** S 3-6, U 1-3/8, Linien 14-16/19, Bus 45/47/48/61/78/80/653 Südbahnhof

## *Licht- und Luftbad Sachsenhausen: Hier taucht keiner unter*

Wenn ein Tennisverein schon Lichtluftbad heißt, dann muss mehr dahinterstecken als nur der weiße Sport. Und tatsächlich befinden sich auf der Anlage rund um die fünf Tennisplätze Wiesen mit Obstbäumen – wie es sie früher überall auf dem Sachsenhäuser Berg gab. Da lassen sich die rund 400 Mitglieder gerne nieder, um in Licht und Luft zu baden. In dieser Idylle steht sogar Sachsenhausens älteste (und geschützte) Eiche, auf der sich im Frühjahr immer wieder der selten gewordene Hirschkäfer tummelt. Den Verein gibt es schon seit 1905, zunächst standen jedoch Turnen und Gymnastik auf dem Programm, später Faust- und Prellball, bis dann Tennis die Anlage eroberte.
**Ort/Kontakt:** Oberer Schafhofweg 69a, Tel. (069) 632490, Internet: www.lichtluftbad.de
**Verkehrsanbindung:** Bus 35 Gablonzer Straße

*Es grünt so grün …*

## *Lauftreff Spiridon: Wo laufen sie denn?*

Ob nun Walking, Nordic-Walking oder Laufen: Der Verein Spiridon bietet täglich ein Angebot, das die Teilnehmer in Bewegung bringt – und das auch sonn- und feiertags. Startpunkt ist auf der Bezirkssportanlage an der Babenhäuser Landstraße, die im Sommer 2010 komplett saniert wurde. Von dort aus starten die Läufer auf verschieden lange Strecken. Jeder kann kostenlos mitmachen, eine Vereinszugehörigkeit ist nicht nötig. Gelegenheiten zum Umziehen und Duschen gibt es an der Sportstätte. Besser geht's kaum.

**Ort/Kontakt:** Babenhäuser Landstraße, www.spiridon-frankfurt.de

**Verkehrsanbindung:** Bus 30/36/OF-50 Hainer Weg

## *Stadionbad: Erfrischend viel Abwechslung*

Während die Sportler nebenan in der Commerzbank-Arena ins Schwitzen geraten, erfrischen sich Besucher des Stadionbades im kühlen Nass. Für Profis und solche, die es werden wollen, steht ein 50 Meter langes Sportbecken zur Verfügung. Zudem locken ein Nichtschwimmer- und ein Planschbecken. Besonders Mutige stürzen sich von der Fünf-, Siebeneinhalb- oder Zehn-Meter-Plattform in die Tiefe. Das Ganze gibt es mit dem Ein- und Drei-Meter-Sprungbrett auch eine Nummer kleiner. Großer Anziehungspunkt nicht nur für den Nachwuchs ist das Spaßbecken mit zwei Breitrutschen, Wasserfall und -kanone, Strömungskanal, Massagedüsen und Bodensprudlern. Auf eine lustige Reise begeben sich Badefreunde auf der 118 Meter langen Rutsche. Damit es an Land nicht lang-

*Viel Platz für große und kleine Wasserratten*

weilig wird, warten dort ein Spielplatz, eine Boccia-Bahn und Tischtennisplatten. Besucher, die einfach in der Sonne braten wollen, nutzen die große Liegewiese mit ihren zahlreichen Bäumen. Erfrischend, was hier alles geboten wird.
**Ort/Kontakt:** Mörfelder Landstraße 362, Tel.: (069) 27 10 89-18 00, Internet: www.bbf-frankfurt.de
**Öffnungszeiten:** Ende Apr.-Anfang Sept. 7.00-20.00 Uhr
**Verkehrsanbindung:** Linie 21, Bus 61 Stadion

## *Commerzbank-Arena: Wenn Madonna auf Michael Ballack trifft*

Was haben der Dalai Lama, die Rolling Stones und Celine Dion gemeinsam? Ganz einfach: Sie alle waren in der Commerzbank-Arena zu Gast und rissen mehr als 50.000 Besucher vor lauter Begeisterung von ihren Sitzen. In dem zwischen 2002 und 2005 an der Stelle des alten Waldstadions errichteten Neubau geben sich aber nicht nur bekannte

*Arena der Sensationen*

Persönlichkeiten der Zeitgeschichte und des Showbusiness die Klinke in die Hand. Eines der zehn größten Fußballstadien von Deutschland ist vor allem Spielstätte der Frankfurter Eintracht und Veranstaltungsort internationaler Sport-Events. Dass die Commerzbank-Arena technisch auf dem neusten Stand ist, versteht sich von selbst. Die gigantische Anlage verfügt beispielsweise über einen Videowürfel, der gute Sicht von allen Plätzen ermöglicht, sowie eine innovative (Zelt-)Dachkonstruktion, die sämtliche Fans vor Regen schützt.

**Ort/Kontakt:** Mörfelder Landstraße 362, Tel.: (069) 2 38 08 01 21, Internet: www.commerzbank-arena.de

**Verkehrsanbindung:** S 7-9 Bahnhof Stadion, Linie 21 Stadion

## Sportpark Stadion: Höher, schneller, weiter

Auf 43 Hektar bietet der größte hessische Sportpark eine Vielzahl von Möglichkeiten, um körperlich fit und in

Form zu bleiben. Neben der Commerzbank-Arena im Zentrum des Geländes gibt es elf Tennisplätze – acht im Freien und drei in der Halle. Da die Anlage für Beach-Volleyball und -Handball über Flutlicht verfügt, sind spannende Wettkämpfe bis spät am Abend kein Problem. Die 1927 eröffnete und 2004 sanierte Wintersporthalle eignet sich etwa für Hockey bei sinkenden Temperaturen. An wärmeren Tagen zieht es Fußball-Fans und Football-Spieler auf die sogenannte kleine Kampfbahn, ein 105 x 67 Meter großes Feld. Das Stadionbad mit seinen Becken und Rutschen ist ebenso Teil des weitläufigen Areals wie das Sportmuseum: Zahlreiche Exponate prominenter Leihgeber, darunter das WM-Gold von Marika Kilius, verschaffen Einblick in die Sportgeschichte der Mainmetropole.

**Ort/Kontakt:** Mörfelder Landstraße 362, Tel.: (069) 67 80 40, Internet: www.sportparkstadion.de

**Öffnungszeiten:** Mo.-Fr. 8.30-16.30 Uhr (Büro)

**Verkehrsanbindung:** S 7-9 Bahnhof Stadion, Linie 21 Stadion

*Beim Beach-Volleyball werden Urlaubsgefühle wach*

## *Rennbahn: Ein Hauch von Ascot*

Obwohl die Galopprennbahn immer Niederrad zugeschlagen wird, gehört sie doch, wenn auch etwas abseits gelegen, nach Sachsenhausen. Ein Besuch lohnt sich alle-

*Hoch zu Ross geben die Jockeys alles*

mal. Nicht nur wegen des traumhaften Ausblicks auf die Frankfurter Skyline. Schon seit 1866 werden auf dem Gelände Rennen ausgetragen, die von ihrer Faszination nichts verloren haben. In der Saison von März bis November stehen rund zehn Renntage mit jeweils bis zu 10.000 Zuschauern auf dem Programm. Tradition ist der Renntag des Handwerks, bei dem Jugendliche und ihre Eltern nicht nur die Pferde und ihre Jockeys anfeuern können, sondern auch Einblick in verschiedene Berufsfelder des Handwerks bekommen. Viele Unternehmen stellen dabei ihre Ausbildungsmöglichkeiten vor. Manchmal verirren sich sogar Edelmänner vergangener Jahrhunderte auf die Rennbahn: So gab es dort schon mittelalterliche Feste mit Ritterkämpfen.

**Ort/Kontakt:** Schwarzwaldstraße 125, Tel.: (069) 65 60 69 50, Internet: www.galopp-frankfurt.de

**Verkehrsanbindung:** Linie 21, Bus 61 Rennbahn

## *Abenteuerspielplatz Wildgarten: Großstadt-Dschungel*

Der Name ist Programm, denn auf dem rund 4000 Quadratmeter großen Areal an der Stresemannallee erwartet den Nachwuchs eine kleine Wildnis mitten in der Stadt. Das dicht bewachsene Gelände bietet die besten Voraussetzungen, damit sich Kinder im Grünen verstecken und Abenteuer erleben können. Für zusätzlichen Spaß sorgen Hütten, ein Baumhaus, ein Turm mit

*Schattenspiele und mehr im Grünen*

Geheimgang, die Schwing-Seilbahn und eine Rutsche. Nicht zu vergessen die alte Eisenbahn, auf der sich Mädchen und Jungen gerne als Lokomotivführer versuchen. Außerdem bietet die Sachsenhäuser Aktionsgemeinschaft für Kinder- und Jugendarbeit, die den Abenteuerspielplatz betreibt, diverse Workshops an wie Specksteingestaltung oder Holzarbeiten. Ferienspiele und Feste im Sommer und zu Halloween runden das kostenlose Programm perfekt ab. Im Winter geht es in den Spielkeller, Unter den Platanen 1.

**Ort/Kontakt:** Stresemannallee/nahe Mörfelder Landstraße, Tel.: (069) 69 53 66 67

**Verkehrsanbindung:** S 3/4, Linie 14 Louisa Bahnhof

## *Waldspielpark Louisa: Für kleine Abenteurer*

Der älteste von sieben Frankfurter Waldspielparks ist aus gutem Grund bei Familien mit Kindern sehr beliebt – und das schon seit mehr als 55 Jahren. Das zweieinhalb Hektar große Gelände, das 2009 teilweise saniert wurde, umfasst eine Holzburg für Reisen in die Vergangenheit sowie ein Holzschiff, auf dem sich wagemutige Piraten spannende Schlachten liefern. Zur Abkühlung springen die kleinen Abenteurer quer durch Wassersprühfeld und Planschbecken. Wegen der geringen Tiefe von 35 Zentimetern sind auch die Jüngsten hier bestens aufgehoben. Für behinderte und blinde Kinder hält der integrative Josef-Buchmann-Spielbereich jede Menge Attraktionen bereit. Toiletten sind vorhanden, vierbeinige Begleiter nicht erwünscht. Ein Kiosk vor dem Eingang versorgt Eltern und Nachwuchs mit Snacks und Getränken.

**Ort/Kontakt:** Mörfelder Landstraße, Tel.: (069) 21 23 09 91

*Spiel und Spaß auch für behinderte und blinde Kinder*

**Öffnungszeiten:** immer frei zugänglich, betreut: 1. April-30. September 10.30-19.00 Uhr
**Verkehrsanbindung:** S 3/4, Linie 14 Louisa Bahnhof

## *Waldspielpark Goetheturm: Macht Kinder froh – und Erwachsene ebenso*

Ob toben, klettern, schaukeln oder rutschen: Am Fuß des Goetheturms kann sich der Nachwuchs stundenlang beschäftigen. Für große Begeisterung bei kleinen Kindern sorgen vor allem das Wassersprühfeld und das Planschbecken. Der weitläufige Abenteuerspielplatz und die extralangen Hangrutschbahnen sind weitere Anziehungspunkte. Spiel und Spaß garantiert außerdem der originell angelegte Irrgarten. Im Zentrum des Labyrinths mit

*Im Irrgarten versteckt sich das Grüngürtel-Tier*

Grüngürtel-Tieren sprudelt als Überraschung ein Springbrunnen in einem mit bunten Mosaiksteinen belegten Becken. Ein Kiosk am Eingang des Waldspielparks bietet süße und deftige Leckereien für alle Besucher – Hunde müssen jedoch draußen bleiben. Wer die fast 200 Stufen des hölzernen Turms erklimmt, wird bei klarem Wetter mit einer spektakulären Aussicht auf Frankfurt belohnt.

**Ort/Kontakt:** Sachsenhäuser Landwehrweg, Tel.: (069) 21 23 09 91

**Öffnungszeiten:** immer frei zugänglich, betreut: 1. April-30. September 10.30-19.00 Uhr

**Verkehrsanbindung:** Bus 30/36/653/OF-50 Sachsenhäuser Warte

## *Waldspielpark Tannenwald: Wasser marsch!*

Zu den liebsten Kindheitserinnerungen vieler Frankfurter gehören die Ausflüge in den Tannenwald. Der gefühlsmäßig in Neu-Isenburg und faktisch in Sachsenhausen liegende Waldspielpark ist ein Abenteuerland für Mädchen und Jungen jeder Altersstufe. Zu den Attraktionen der schönen Anlage samt großer Liegewiese zählen außer Rutsche, Schaukel und Wippe eine Rollschuhbahn, eine Skater-Anlage, mehrere Basketball- und Bolzplätze, Tischtennisplatten und eine Neun-Loch-Minigolfanlage – Letztere gegen Gebühr. Noch mehr Spaß und Action garantiert jedoch die Wasserspielanlage mit integriertem Planschbecken sowie unterirdischen Tunnelgängen. Der 1961 erbaute Waldspielpark wurde 1975 auf mehr als fünf Hektar erweitert. Ein Kiosk und Toiletten sind vorhanden, Vierbeiner müssen leider draußen bleiben.

**Ort/Kontakt:** Friedensallee, Tel.: (069) 21 23 09 91

**Öffnungszeiten:** immer frei zugänglich, betreut: 1. April-30. September 10.30-19.00 Uhr

**Verkehrsanbindung:** Bus 662/663 Neu-Isenburg Forsthaus Tannenwald

*Da macht das Rutschen doppelt Spaß*

# Bekannt & berühmt in Sachsenhausen

Prominente wohnen und wohnten gerne in Sachsenhausen. Historische Berühmtheiten wie Paul Hindemith hatten dribbdebach ihre kreativsten Phasen. Aber auch zeitgenössischen Persönlichkeiten wie Marika Kilius läuft man hier über den Weg.

## Matthias Altenburg (1958): Der Krimi-Macher

Sie kennen Matthias Altenburg nicht? Sollten Sie aber – oder zumindest Jan Seghers. Unter diesem Pseudonym verfasst der Schriftsteller, Journalist, Essayist und Kritiker spannende Kriminalromane. Zentrale Figur seiner 2004 begonnenen Reihe ist Robert Marthaler, ein Kommissar, der in Frankfurt mit der Hartnäckigkeit eines Kurt Wallander auf Verbrecherjagd geht. Welche Parallelen es zwischen dem Schriftsteller und seinem Protagonisten gibt, lässt sich nicht gänzlich beantworten. Altenburg und Marthaler haben jedoch beide einen starken Bezug zu Sachsenhausen. Der eine hat den Stadtteil so sehr in sein Herz geschlossen, dass er den anderen im Großen Hasenpfad wohnen und im Lesecafé frühstücken lässt. Der leidenschaftliche Radfahrer, der auch die Schauplätze seiner Bücher am liebsten mit dem Drahtesel erkundet, wurde 1958 in Fulda gebo-

*Als Jan Seghers geht er auf Verbrecherjagd*

ren. Nach seinem Studium der Literaturwissenschaft und Kunstgeschichte in Göttingen verschlug es ihn in die Mainmetropole, wo er zunächst als Lektor und Journalist tätig war.

## *Max Beckmann (1884-1950): Kreatives Multitalent*

Der wichtigste deutsche Künstler des 20. Jahrhunderts ist von ebenso großer Bedeutung wie Pablo Picasso. Die Werke des Malers, Grafikers, Bildhauers und Autors faszinieren oder erschrecken, lassen aber nie gleichgültig. Beachtliche Erfolge feierte Max Beckmann auch in seiner Frankfurter Zeit (1915-1933), unter anderem mit dem berühmten Gemälde der Synagoge. Der in Leipzig geborene Künstler hatte sich nach einem durch den Ersten Weltkrieg ausgelösten Nervenzusammenbruch zu Freunden in die Schweizer Straße 3 geflüchtet. 1925 zog er mit seiner Frau in die Steinhausenstraße 7, im gleichen Jahr wurde er als Leiter einer Meisterklasse an die Städelschule berufen. Der Nationalsozialismus setzte Beckmanns Aufenthalt nicht nur in Frankfurt, sondern in ganz Deutschland ein Ende: Er ging zuerst nach Berlin und Amsterdam, emigrierte anschließend in die USA und kehrte nie mehr in seine Heimat zurück. Zur Erinnerung an den bedeutendsten Vertreter des deutschen Expressionismus verleiht die Stadt Frankfurt alle drei Jahre den Max-Beckmann-Preis.

## *Matthias Beltz (1945-2002): Wortakrobat*

Einer der bekanntesten deutschen Kabarettisten wurde 1945 als Sohn einer „Trümmerfrau“ und eines in Russland

„verschüttgegangenen Vaters“ geboren. Seine Kindheit und Jugend verbrachte er in Gießen, seine Studienzeit in Marburg und Frankfurt – wo er sich auch für den Sozialistischen Deutschen Studentenbund engagierte. Das 1970 begonnene Referendariat hängte der examinierte Jurist 1971 zugunsten einer Fließbandtätigkeit bei Adam Opel an den Nagel. Matthias Beltz gehörte in den 70ern nicht nur zu den Wortführern der linken Frankfurter Szene, sondern machte während dieser Zeit auch durch erste Auftritte von sich reden. 1982 gründete er das „Vorläufige Frankfurter Fronttheater“, eine erfolgreiche linke Kabarettbühne, 1988 hob er mit Johnny Klinke und Margareta Dillinger den „Tigerpalast“ aus der Taufe. Er gastierte als Solokabarettist in zahlreichen deutschen Städten, arbeitete für Fernsehen und Hörfunk, schrieb Bücher und Essays. Matthias Beltz starb 2002 in seiner Sachsenhäuser Wohnung an einem Herzinfarkt.

## *Michael Groß (1964): Meister aller Klassen*

Bestes Beispiel, dass die Freiherr-vom-Stein-Schule in der Schweizer Straße sowohl kluge Köpfe als auch sportliche Asse hervorbringt, ist Michael Groß. Schließlich hat er insgesamt 21 Titel bei Olympischen Spielen, Welt- und Europameisterschaften gewonnen und gilt damit als der zweiterfolgreichste deutsche Schwimmer überhaupt. Den Spitz-

*Auch im Anzug macht der Albatros eine gute Figur*

namen Albatros verdankt er seiner enormen Arm-Spannweite von über 2,13 Meter und seiner Körpergröße von 2,01 Meter. Kein Wunder also, dass er in den Schwimmstilen Schmetterling und Freistil ganz oben auf dem Treppchen stand. Doch nicht nur im Wasser hat Michael Groß, Jahrgang 1964, die Nase vorn: Er studierte an der Frankfurter Goethe-Universität Germanistik, Politik und Medienwissenschaften. 1994 promovierte er zum Thema „Ästhetik und Öffentlichkeit: Die Publizistik der Weimarer Klassik". Heute ist er als Besitzer einer PR-Agentur erfolgreich.

## *Helga Heil (1933): Schriftstellerin mit Takt-Gefühl*

Eigentlich wollte Helga Heil Sängerin werden, doch das Schicksal hatte anderes mit ihr vor: 1950 engagierten die Städtischen Bühnen die Sachsenhäuserin als Tänzerin und Choreografin für Schauspiel und Oper – und ließen sie

*Das Ehrenmitglied der Städtischen Bühnen mit ihrem ersten Ballettschuh*

nicht wieder weg. Beste Voraussetzungen, um 1986 eine umfangreiche Dokumentation über 40 Jahre Frankfurter Ballett zu veröffentlichen. Doch die Tochter von Charly Heil, der sich zu Lebzeiten als engagierter Präsident der Brunnen- und Kerbegesellschaft einen Namen gemacht hat, schrieb 1990 auch ein Buch über das Brunnenfest. Aus eigener Erfahrung, schließlich war sie 1961 selbst Brunnenkönigin. Es folgten diverse Kinderbücher, bis 2008 ihre spannende Autobiographie „Leben ist, was uns zustößt“ erschien.

## *Paul Hindemith (1895-1963): Der Ausnahmemusiker*

*Nicht ohne meine Noten: Paul Hindemith*

Der deutsche Musiker und Komponist entstammte einer Arbeiterfamilie mit schlesischen Wurzeln. Er kam 1895 in Hanau zur Welt und ging in Frankfurt zur Schule. Paul Hindemiths künstlerisches Talent wurde früh entdeckt und gefördert. Ab 1908 studierte er am Hoch'schen Konservatorium Violine bei Adolph Rebner und Komposition bei Arnold Mendelssohn. Zwischen 1915 und 1923 war er als Konzertmeister des Opernhausorchesters Frankfurt tätig. Im alten Sachsenhausen fühlte er sich besonders wohl: Zwischen 1923 und 1927 lebte und arbeitete er im Kuhhirtenturm, der heute eine Gedenkstätte ist. Hindemiths beispielhafte Karriere wurde erst durch die Nationalsozialisten beeinträchtigt. 1938 emigrierte er in die Schweiz, 1940 übersiedelte er in die USA. Obwohl er die amerikanische Staatsbürgerschaft erhielt und an der Yale University unterrichtete, kehrte er 1953 in die Schweiz zurück. Der nach mehreren Konzertreisen plötzlich erkrankte Musiker starb 1963 im Frankfurter Marienkrankenhaus.

## *Rainer Holbe (1940): Übersinnlicher Moderator*

„Der Kreis hat sich geschlossen“: Das dachte sich Rainer Holbe, als er 2003 nach Frankfurt zurückkehrte. Denn der Journalist, Radio- und Fernsehmoderator, 1940 im böhmischen Komotau geboren, war als Kind mit seinen Eltern aus dem Sudetenland vertrieben worden und in Sachsenhausen gelandet. Heute ist er wieder dribbde-

*Rainer Holbe schrieb Fernsehgeschichte*

bach zu Hause, nachdem er von 1974 bis 2003 in Luxemburg lebte. Mittlerweile hat er Fernsehgeschichte geschrieben: Von 1967 an moderierte er zwölf Jahre lang die beliebte ZDF-Sendung „Starparade". Auch in Talk-Shows, im Frühstücksfernsehen, in der RTL-Reihe „Unglaubliche Geschichten" und der SAT.1-Sendung „Phantastische Phänomene" bewies er sein Können als Moderator. In den Serien der Privatsender suchte er für scheinbar paranormale Vorgänge nach naturwissenschaftlichen Erklärungen. Inzwischen hat er sich zudem einen Namen als Autor gemacht, etwa mit dem Buch „Verborgene Wirklichkeiten. Rätselhaften Phänomenen auf der Spur", das 2008 erschien.

## *Marika Kilius (1943): Eisprinzessin*

*Marika Kilius gleitet spielend über jedes Parkett*

Als eine der bedeutendsten deutschen Eiskunstläuferinnen ist Marika Kilius mehr als einmal um die ganze Welt gereist. Doch die gebürtige Frankfurterin zieht es immer wieder nach Sachsenhausen, wo sie heute auch lebt. Nachdem sie zunächst als Einzelläuferin ihre Karriere begonnen hatte, wechselte sie bald zum Paarlauf. Mit Franz Ningel, ihrem ersten Partner, wurde sie 1956 Vierte bei Olympia und 1957 Vizeweltmeisterin. Dann startete sie mit Hans-Jürgen Bäumler durch, gemeinsam wurden sie zwischen 1958 und 1964 sechsmal Europameister, zweimal Weltmeister und holten zweimal Silber bei Olympia. Zwar steht sie noch heute gerne auf den Kufen und saß 2006 mit Hans-Jürgen Bäumler in der Jury der RTL-Show „Dancing on ice". Marika Kilius, selbst Mutter und Oma, will aber auch dafür sorgen, dass ältere Frauen und Männer gepflegt und gut aussehen können: Zu diesem Zweck hat sie 2008 eine eigene Kosmetik-Serie auf den Markt gebracht – und ist dabei selbst ihr bestes Aushängeschild.

## *Bodo Kirchhoff (1948): Roman-Held*

Ganz und gar unhessisch ist eigentlich Bodo Kirchhoff. Denn der in Hamburg geborene Schriftsteller ist Sohn einer Wienerin, der Vater stammt aus Hannover. Erst mit Anfang 20, als er bereits erste Schreiberfahrungen bei seiner Schülerzeitung gesammelt hatte, zog es ihn nach Frankfurt, denn: „Kafka, Camus, Moravia; Frisch, Brecht, Johnson – eine regenbogenfarbene, preis-

*Schreiben ist Kirchhoffs Lebenselixier*

werte Edition kam damals auf den Markt, ihr Name wurde für mich zum Synonym für Literatur, mein Mekka hieß Frankfurt." Also pilgerte Kirchhoff an den Main, studierte Pädagogik. Noch während der Promotionszeit erhielt er den ersten Vertrag mit dem Suhrkamp Verlag – die schriftstellerische Karriere begann. Inzwischen hat der mit Preisen ausgezeichnete Autor, dessen Schreibtisch in Sachsenhausen steht, zahlreiche Erzählungen und Romane verfasst. In denen setzt er durchaus so mancher Ecke Dribbdebachs ein literarisches Denkmal: So ist dort unter anderem vom Schweizer Platz, der Morgensternstraße, dem Eiscafé Milano und den Uferanlagen rund ums Filmmuseum zu lesen.

## *Georg Krämer (1906-1969): Der Brunnendoktor*

Der eingefleischte Sachsenhäuser hat Geschichte geschrieben: Denn in den 60er-Jahren schuf der Bildhauer jährlich zum hiesigen Brunnenfest einen neuen Brunnen oder restaurierte zumindest einen. So ist ihm zum Beispiel der legendäre Frau-Rauscher-Brunnen in der Klappergasse zu verdanken. Aber auch der Artischocken-Brunnen in der Willemerstraße, der Bäckerbrunnen in der Großen Rittergasse und der Paradiesbrunnen auf dem Paradiesplatz gehen auf sein Konto. Georg Krämer wurde auf dem Südfriedhof beerdigt.

## *Helmut Walcha (1907-1991): Zieht alle Register*

Wenn Helmut Walcha die Orgel der Dreikönigskirche spielte, verharrten seine Zuhörer nicht selten in atemloser

*Trotz seiner Erblindung war Walcha ein perfekter Musiker*

Bewunderung. Der gebürtige Leipziger, der Ende der 20er-Jahre nach Frankfurt kam, war schließlich einer der bedeutendsten Bachinterpreten seiner Zeit. Im Alter von 14 bestand er die Aufnahmeprüfung am Konservatorium seiner Heimatstadt. Mit kaum 20 war er Stellvertreter seines berühmten Lehrers Georg Ramin. Der infolge einer frühkindlichen Pockenimpfung allmählich erblindete Künstler war von 1926 bis 1929 Organist der Frankfurter Friedenskirche, unterrichte ab 1933 am Hoch'schen Konservatorium und erhielt 1938 eine Professur an der Frankfurter Musikhochschule. Während seiner Jahre als Organist der Dreikönigskirche (1946-1981) spielte Helmut Walcha zwei Gesamtaufnahmen von Bachs Orgelwerk ein. Außerdem verfasste er eigene Choralvorspiele sowie zahlreiche Schriften und Aufsätze. Der Ausnahmemusiker starb 1991 und wurde auf dem Sachsenhäuser Friedhof beigesetzt.

# Kurioses & Komisches

Erstaunlich, was es in Sachsenhausen so alles gibt. Da werden Häuser bemalt und Plastikenten ins Rennen geschickt. In historischen Trams stehen Whisky und Ebbelwei auf dem Tisch.

## Bemalte Häuser: Kunst auf großer Leinwand

Wer Kunst in Sachsenhausen erleben möchte, muss nicht unbedingt in ein Museum oder eine Galerie gehen. Denn Malerei gibt es hier auch auf Fassaden zu bestaunen. Zu verdanken ist das unter anderem Armin A. Angert, denn der Künstler hat die Häuser in der Mörfelder Landstraße 120 und in der Schneckenhofstraße 10 mit seinen Bildern einzigartig gemacht. Besonders bekannt ist aber das Restaurant in der Schweizer Straße 67, das passenderweise „Zum Gemalten Haus" heißt. Was der ehemalige Besitzer Balthasar Braun 1904 begann, setzt Armin A. Angert seit 1983 im Auftrag der Wirtsfamilie Hanauske mit neuen Bildern fort. So lassen sich zwischen aufgemalten Ästen und Blättern zum Beispiel Vögel, Gerippte, Weinreben und natürlich Bembel finden. All das macht Lust, in der Gaststätte gleich mal Station zu machen. Was sich dank der guten Küche mit Frankfurter Spezialitäten auch lohnt.

Ein Haus als Kunstwerk gibt es aber auch in der Wallstraße 20: Dort hat der belgische Maler Piet Bels 2009 die Fassade mit fünf Symbolen aus Frankfurt aufgepeppt, unter anderem mit dem Konterfei Goethes und einem

*Ihm verdankt das Gemalte Haus seinen Namen: Armin A. Angert*

Adler, wie er sich im Wappen der Stadt befindet. Katzenfreunde kommen derweil beim Gemälde an der Wand des Hauses in der Großen Rittergasse 41 auf ihre Kosten, während das Bild auf der Fassade in der Mörfelder Landstraße 39 Frankfurt um 1860 zeigt.

## Ebbelwei-Express: Gib Stöffche

Sightseeing der besonderen Art: Im historischen Bahnwagen, der mit Frankfurter Motiven bemalt ist, geht es am Wochenende und an Feiertagen rund eine Stunde durch die Stadt, vorbei an zahlreichen Sehenswürdigkeiten. Während der Fahrt erklingt Musik, die Passagiere können Brezeln und Ebbelwei oder Apfelsaft genießen. Ein großer Teil der Strecke, nämlich von der Stresemannallee bis zum

*Die knallrote Tram ist nicht zu übersehen*

Schweizer Platz, führt durch Sachsenhausen. Dort sind von der Tram aus das Museumsufer und das historische Viertel zu bewundern.

**Ort/Kontakt:** Tel.: (069) 213-22425, Internet: www.ebbelwei-express.com

## *Entenrennen auf dem Main: Quietschfideler Wettkampf*

Tausende von kleinen, gelben Quietsche-Entchen bevölkern alle ein bis zwei Jahre den Main. Dann hat der Lions Club wieder zum beliebten „Duck-Race“ eingeladen. Jeder kann für 5 Euro eine Ente ins Rennen auf die mehrere Hundert Meter lange Strecke schicken und mit etwas Glück sogar eine exotische Reise gewinnen. Doch vor allem hilft der Spaß, der immer Tausende von Besuchern anzieht: Das eingenommene Startgeld kommt Hilfsorganisationen zugute.

*Unzählige Plastikenten schwimmen für den guten Zweck*

## *Komische Kunst: Von Pinkelbäumen und Monsterspechten*

Lustig geht's im Stadtwald zu, denn hier hat der Künstler F.K. Waechter seine Spuren hinterlassen. Bevor der Karikaturist und Cartoonist 2005 verstarb, hatte er unter dem Motto „Komische Kunst“ eine Serie mit 20 Objekten in Bäumen gezeichnet und der Stadt Frankfurt geschenkt, damit sie die Werke im GrünGürtel realisiert. Tatsächlich werden die Figuren nach und nach mithilfe des Bildhauers und Städel-Absolventen Andreas Rohrbach zum Leben erweckt. So müssen sich Spaziergänger am Jacobiweiher in Acht nehmen, denn hinter der Gaststätte an der Oberschweinstiege befindet sich seit 2006 der sogenannte Pinkelbaum. Unter dem Motto „300 Jahre hat man mich angepinkelt, jetzt pinkle ich zurück“ lässt der Baum bei jedem, der ihm zu nahe kommt, vorsichtshalber selbst erst mal Wasser. Die Konstruktion funktioniert über einen Bewegungsmelder. Im Winter geht von dem Baum, der als der Favorit Waechters gilt, allerdings keine Gefahr aus, weil er dann trockengelegt ist. Sehen lassen kann sich auch die Eule im Norweger-Pulli, die ebenfalls am Jacobi-Weiher nahe der Brücke hoch oben in einem Baum thront.

*Vorsicht, pinkelnder Baum*

Rund zwei Kilometer weiter, an der Kreuzung Oberschweinstiegschneise und Hainer Weg, brauchen Besucher starke Nerven: Dort sitzt in einer Buche der Monsterspecht, Symbol der Protestbewegung, das auch an den Widerstand in den 80er-Jahren gegen die Startbahn West erinnert. Eher unfreundlich präsentiert sich der Eichhörnchen-König, der sich hinter dem Stadtwaldhaus befindet. Über drei andere Eichhörnchen, die eine Brücke bilden, hangelt sich die vor Ärger schwarz gewordene Majestät von einem Baum zum anderen. Bissige Kunst lag eben dem in Danzig geborenen Waechter, der seit 1962 in Frankfurt lebte. Heute ist sie eine originelle Bereicherung des Stadtwaldes.

*Riesiger Holzspecht als Teil der Komischen Kunst*

## *Mörderbrunnen: Fee mit Killerinstinkt*

Gar Fürchterliches hat sich der Sage nach vor langer Zeit hier mitten im Stadtwald abgespielt. Demnach soll eine wunderschöne Fee einst den Mörder ihres Liebsten erwürgt haben. Entsprechend finster wirkt denn auch der dortige Brunnen, der den Menschen aber einst als Trink-

Gespenstisch ist der Mörderbrunnen

quelle gedient hat. Deshalb ist er auch in Stein gefasst und reicht bis tief in den Grund, sodass das Wasser durch umliegende Sümpfe nicht verdreckt werden konnte. Heute ist die Mörder- oder auch Marderquelle eine der wenigen Quellen, die es noch im Stadtwald gibt. Das allerdings kann der Fee auch keine Ruhe verschaffen. Wer mehr über ihr trauriges Schicksal wissen möchte, erfährt dies auf einer Tafel am Mörderbrunnen.

**Ort/Kontakt:** Mörderbrunnenschneise über Schillerschneise

**Verkehrsanbindung:** Linie 14, Bus 653 Neu-Isenburg Stadtgrenze

## *Monte Scherbelino: Sachsenhäuser Scherbenhaufen*

Der Stadtwald ist die grüne Lunge der Frankfurter im Allgemeinen und der Sachsenhäuser im Besonderen. Wer hätte also gedacht, dass der große Forst auch einen echten Schandfleck enthält? Ob die zahllosen Ausflügler, die den Monte Scherbelino von 1972 bis 1992 als Freizeitpark nutzten, über den Müll unter ihren Füßen nicht informiert waren oder diesen einfach ignoriert haben, lässt sich heute kaum mehr nachvollziehen. Bekannt ist allerdings, dass besonders Familien mit Kindern gern zu dem rund 50 Meter hohen Hügel samt Abenteuerspielplatz und Indianerdorf fuhren. Als die entweichenden Dämpfe jedoch langsam bis zum Himmel stanken, wurde der überdimensionale „Scherbenhaufen" an der Grenze zwischen Sachsenhausen und Offenbach schließlich für die Bevölkerung gesperrt. Nach gründlicher Entseuchung und Sanierung soll der zumindest auf seinen unteren Hängen erneut bewaldete Monte Scherbelino als Naherholungsgebiet für Spaziergänger und Wanderer dienen. Wohl bekomm's!

*Die Idylle trügt: Hier verbirgt sich eine Müllhalde*

## *Nackter Jörg: Blank gezogen*

Die Sachsenhäuser sind ein lockeres Völkchen, und so regt sich schon längst niemand mehr darüber auf, wenn ihm der sogenannte „Nackte Jörg" begegnet. Sommer wie

Winter läuft der Mann vollkommen unbekleidet durch die Straßen im Stadtteil. Nur seinen Walkman hat er immer dabei, und wenn's kalt ist, trägt er Sandalen. Nach eigenen Angaben leidet er an einer Kleiderallergie. Inzwischen gilt er als Sachsenhäuser Original – eben ein nacktes.

## *Whiskymax-Tram: Geistige Getränke*

Eine hochprozentige Tour erwartet die Fahrgäste in der Whiskymax-Tram: Jeweils am letzten Samstag im Monat startet die Fahrt am Sachsenhäuser Geschäft MyWhisky in einer historischen Straßenbahn durch die Stadt. Rund zweieinhalb Stunden klärt dabei ein Schotte im Kilt die Passagiere über Whisky auf. Doch es gibt nicht nur Infos über Herstellung und Geschmack, sondern der Seminarleiter serviert zudem Unterhaltsames wie Trinksprüche oder Anekdoten. Keine Frage, dass die Teilnehmer auch probieren dürfen: Sechs hochwertige Single Malts sollen den Gaumen verwöhnen.

**Ort/Kontakt:** Dreieichstraße 35, Tel.: (069) 60 60 75 24, Internet: www.whiskymax.com, Start: 15.10 Uhr, letzter Sa. im Monat

**Verkehrsanbindung:** S 2-6, Linien 14-16 Textorstraße, Bus 30/36/45/47-48/653 Lokalbahnhof

# Bildnachweis

Wikipedia: S. 12/13 (oben und unten), S. 14/15 (oben), S. 16, S. 40, S. 81

Institut für Stadtgeschichte: S. 15 (unten), S. 18 (unten), S. 19, S. 23, S. 131

Heimat- und Geschichtsverein Oberrad: S. 18 (oben), S. 21

Edda Reyl, Aktionsgemeinschaft Schweizer Straße: S. 22, S. 106

Deutschordenskirche: S. 24

Freunde Frankfurts: S. 25

Andrea Möller: S. 26, S. 34, S. 39, S. 76, S. 120

Brunnen- und Kerbegesellschaft: S. 28

Rainer Rüffer: S. 29/30/31, S. 38, S. 47, S. 52, S. 78, S. 90, S. 94/95, S. 98, S. 102/103, S. 109, S. 138

Susanne Metz: S. 32

A. Fux i.A. Stadtplanungsamt Frankfurt am Main: S. 33

Stadt Frankfurt am Main: S. 35 (Karola Neder), S. 69, S. 71, S. 116 (Karola Neder)

Hochschule St. Georgen: S. 36, S. 70

Umweltamt der Stadt Frankfurt am Main: S. 42, S. 79, S. 136/137

www.rupp.de: S. 43

Katholische Gemeinde St. Wendel: S. 44

Katholische Gemeinde St. Bonifatius: S. 45

Benjamin Thoran: S. 46

Martin Weiß: S. 49, S. 73, S. 82, S. 93, S. 111, S. 125, S. 135

Harald Vogel Filmtheater GmbH: S. 50

Südbahnhof: S. 53

Frankfurt Art Bar/Roberto Strauss: S. 55

Museum Giersch: S. 56

Liebieghaus Skulpturensammlung: S. 57

Städel, Norbert Miguletz: S. 59

Jean Luc Cornec, TribuT, 1989, © VG Bild-Kunst, Bonn 2010: S. 60

Tomas Riehle: S. 61

Museum der Weltkulturen/Stephan Beckers: S. 63

Bibelhaus Frankfurt: S. 64

Museum für Angewandte Kunst Frankfurt: S. 66, S. 68, S. 80

Ausstellungshalle/Robert Bock: S. 67

Grünflächenamt der Stadt Frankfurt am Main: S. 74/75, S. 121

Home & Office: S. 83

Konditorei & Confiserie Georg Jamin GmbH: S. 84

Meyer Catering & Service GmbH: S. 86

Senfgalerie/Ingrid Sels: S. 87

SHFM Managementgesellschaft für Hafen und Markt mbH: S: 88

Conmoto/David Eisenberger: S. 91, S.101

Thorsten Dorn: S. 97 (oben)

Simone Gottler-Sinnbild Grafikdesign, sg@sinnbild-design.de: S. 97 (unten)

Thomas Mölter: S. 104

Harald Schnauder: S: 105

Tourismus + Congress GmbH: S. 108

BBF, Bäderbetriebe Frankfurt: S. 110, S. 113

Stadion Frankfurt Management GmbH: S. 114

Sportpark Stadion: S. 115

Bernd Georg: S. 117, S. 139

Albrecht Schal, grün$^3$, Landschaftsarchitekt: S. 119

Wonge Bergmann: S. 122

Michael Groß: S. 124

Mit freundlicher Genehmigung des Hindemith Institutes Frankfurt: S. 126

Rainer Holbe: S. 127

Mit freundlicher Genehmigung von Marika Kilius; Fotografin: Julia Zimmermann, FAZ: S. 128

Inge Lieberberg: S. 129

Luigi Ungarisch: S. 133

VGF: S. 134

# Autorenporträts

Bei **Andrea Möller** war es Liebe auf den ersten Blick: Als sie im zarten Alter von fünf Jahren den Brückenspielplatz entdeckte, fühlte sie sich dort gleich zu Hause. Obwohl sie Rutschbahn und Klettergerüst längst verlassen hat, schlägt ihr Herz weiter für Sachsenhausen. Für ihr Germanistik-Studium und ihren Beruf als Redakteurin des „Journal Frankfurt“ wechselte sie aber gerne die Mainseite. Inzwischen arbeitet Andrea Möller freiberuflich und hat sich eine Existenz in der Unternehmenskommunikation aufgebaut.

**Andreas Flender** ist durch und durch Frankfurter. Am Main geboren und aufgewachsen, besuchte er hier auch die Schule und die Universität. Mit zwei Studienabschlüssen in der Tasche – dem Magister und dem Staatsexamen – arbeitete er zunächst als Redakteur bei der „Offenbach Post“. Seit 1997 informiert er die Leser der „Frankfurter Neuen Presse“ über die aktuellsten Neuigkeiten aus Sachsenhausen und den anderen südlichen Stadtteilen. Andreas Flender kennt Dribbdebach inzwischen wie seine Westentasche.